ETIHAD
AIRWAYS

HAALAND • SAHANIN YILDIZLARI
Harry Coninx
Orijinal Adı: Tales From the Pitch - Erling Haaland

Yayın Yönetmeni: Köksal Şaka
Yayın Koordinatörü: Sibel Erdal
Çeviri: Handan Sağlanmak Arlı
Editör: Bengü Impram
Grafik-Kapak Tasarım: Gökhan Ünlü

ISBN: 978-625-8364-81-1
Yayınevi Sertifika No: 45006

1. Baskı: Şubat 2023
2. Baskı: Mart 2023
3. Baskı: Nisan 2023
4. Baskı: Mayıs 2023
5. Baskı: Mayıs 2023

Baskı: İmak Ofset
Esenyurt/İstanbul
Tel: 444 62 18
Matbaa Sertifika No: 71320

PARODİ YAYINLARI
Route İstanbul A-Blok No: 6/15
Bakırköy / İSTANBUL
Tel: 0212 244 05 77
www.parodi.com.tr / info@parodiyayinlari.com
Parodi Yayınları, Mono Kültür Sanat tescilli markasıdır.

HAALAND

Harry Coninx

HAALAND'IN KİMLİĞİ

Adı: Erling Braut Haaland

Doğum Tarihi: 21 Temmuz 2000

Doğum Yeri: Leeds, West Yorkshire, İngiltere

Uyruğu: Norveç

Boyu: 1,95 m

Mevki: Santrafor

Millî Takımı: Norveç

Oynadığı Kulüpler: Bryne, Molde, Red Bull Salzburg, Borussia Dortmund

Güncel Kulübü: Manchester City

İÇİNDEKİLER

I

RÜYA GİBİ BİR ÇIKIŞ

Ocak 2020, WWK Arena, Augsburg, Almanya
FC Augsburg-Borussia Dortmund

Augsburg üçüncü golünü kaleye yollarken Erling öfkeyle yanındaki koltuğu yumrukladı.

Gözlerini kapayıp rakip taraftarın coşkulu tezahüratlarına kulak verdi. Hiçbir şey olması gerektiği gibi gitmiyordu. Hâlbuki bugün, Borussia Dortmund formasını giydiği ilk büyük maçı olacaktı. Ama bunun yerine rakip takım tarafından darmaduman edilmişler ve o daha sahaya bile çıkamamıştı.

Yeni teknik direktörü Lucien Favre büyük bir hoşnutsuzlukla sahadan uzaklaşıp yedek kulübesine doğru baktı.

"Erling!" diye seslendi. "Isınmaya başla!"

Erling oturduğu yerden kalkıp çoraplarını dizlerine kadar çekti ve taç çizgisinde bir aşağı bir yukarı koşmaya başladı. Sahanın uzak köşesindeki Dortmund taraftarından yükselen alkışlarla coşkulu bir tezahürat dalgasını işitti. Yeni transferin sahaya çıkmasını ve onu iş başında görmeyi deli gibi istiyorlardı.

İkisi de ısınma hareketleri yaparken Giovanni Reyna'nın yanında durdu. Erling kendini onun yanında dev gibi hissediyordu.

"Gerginlik var mı, Erling?"

"Hayır ama sadece bütün ümitlerimiz suya düşmüş gibi hissediyorum. Sahaya çıkıp yardım etmek istiyorum."

"Birkaç dakika da olsa sahaya çıkıp oynayabilmek bile bir şeydir, değil mi?"

Erling omuz silkti. Ona göre bu iş böyle yapılmazdı. Borussia Dortmund'a azıcık bir süre alıp az biraz deneyim kazanmak için gelmemişti. Farkını ortaya koymaya kararlıydı.

Favre onu geri çağırdığında ısınmasına daha yeni başlamıştı. Belli ki teknik direktör, yeni transferini sahaya çıkarmadan önce daha fazla zaman kaybetmek istemiyordu.

Favre uzanıp elini Erling'in omuzuna koyarak, "Sana şu an sahada ihtiyacımız var," dedi. "3-1 yeniliyoruz, haydi bize neler yapabileceğini göster."

Taç çizgisinde duran Erling derin bir nefes aldı. Maç önceleri hiç gerilmezdi, en azından uzun zamandır böyle hissettiğini hatırlamıyordu ama şimdi gerilmeye başlamıştı.

Birazdan kulüpteki ilk maçına çıkacaktı. Dortmund taraftarları onu ilk kez sahada göreceklerdi. Nihayet dünyanın en büyük liglerinden birinde oynama şansı elde etmişken buraya ait olduğunu kanıtlaması gerekiyordu.

İnsanları etkilemek için inanılmaz bir istek duyuyordu.

Oyundan çıkan Łukasz Piszczek ile yumruklarını vurarak selamlaştılar ve saniyeler sonrasında da kendini sahada buldu.

Maça olan etkisi anında fark edilmişti. Jadon Sancho sol kanattan içeri sokulduğunda Erling aradığı fırsatı bulmuş oldu.

"Jadon! Buradayım!" diye haykırdı taraftarların bağırışlarını bastırmaya çalışarak. Jadon'dan milimetrik bir pas aldığında Erling'in kaleciye ya da kaleye bakmasına gerek yoktu. Ne yapacağını zaten çok iyi biliyordu.

Sol ayağıyla vurdu ve top uzak köşeye uçarak fileleri havalandırdı.

GOL!

Erling ne kalabalığın tezahüratlarının tadını çıkarmak ne de yeni taraftarları önünde gol sevincini yaşamak için durdu. Hemen topa koşup onu kaleden aldığı gibi arkasına döndü ve maçı tekrar başlatmak için sabırsızlanarak orta saha çizgisine doğru ilerledi.

"Haydi bu maçı kazanalım çocuklar, haydi!" diye bağırdı.

O esnada bunun Dortmund kariyeri için nasıl mükemmel bir başlangıç olduğunun farkında bile değildi. İlk sahaya çıkışında, topla buluşur buluşmaz gol atmıştı!

Ama önemli olan bu değildi. Önemli olan takımı yeniden maça döndürüp üç puanı almaktı.

İki dakika sonra Dortmund oyunu eşit şartlara getirerek maça dönmüştü. Mats Hummels'tan gelen bir hava topu Sancho tarafından ustalıkla kontrol edildi. Jadon da Erling de defans oyuncularından birer metre uzaktaydılar ve hızla kaleye ilerliyorlardı.

"Jadon! Topu yolla!" diye kükredi Erling, bir gol daha atmak için sabırsızlanıyordu. Ama bu defa Sancho onu görmezden gelip kalecinin etrafından dolaşarak topu boş ağlara kendi göndermeyi seçti.

"Bir dahaki sefere de bana yolla!" dedi Erling gol için sevinirken.

"Az önceki golünü de ben hazırlamıştım zaten," dedi Jadon da gülüp onu iterek.

Dortmund oyuncuları ve taraftarları heyecandan çıldırırken Erling konsantrasyonunu hiç bozmadı. Skor 3-3'tü ve maçın bitimine daha yarım saat varken bu maçı kazanabilirlerdi. Gol atmaya âdeta açtı.

Tepeden gönderilen harika bir topun ardından Thorgan Hazard hızla koşarak fırladı. Erling de harekete geçmek ve başka bir gol daha atmak için hemen onun peşinden koştu. Hazard kaleciyi çalımlayabildi ama açısı çok dardı.

"Thorgan! Topu yolla!" diye kükredi Erling bir kez daha.

Bu kez takım arkadaşı onu dinleyip topu ona yönlendirdi. Erling'in önü bomboştu ve şutunu çizginin ötesine yollayıverdi.

GOL!

Golü kutlamak için arkadaşına döndü ama Thorgan'ın yüzünü görünce durdu.

"Ofsayt," diye inledi Thorgan yan hakemi işaret ederek. "Ah, zamanlamamın iyi olduğuna emindim oysa. Ofsayta düşmediğimi sanıyordum."

Hakemin elini kulağına götürüp VAR odasını dinlediği sırada statta gergin anlar yaşandı. Her iki taraftar grubundan da çıt çıkmıyordu çünkü kararın ne yönde olacağı belirsizdi.

Sonsuzluk gibi gelen bir sürenin ardından hakem, düdüğünü dudaklarına götürdü ve orta sahayı işaret etti. Gol geçerliydi! Thorgan haklıydı, koşusunu mükemmel bir şekilde zamanlamıştı.

Dortmund liderliği ele geçirmişken bir karar vermeliydiler. Zaferlerini kesinleştirmek için beşinci golü zorlamalı mı yoksa galibiyet için skoru kaybetmemeye mi çalışmalıydılar?

Erling, takım arkadaşlarının ne yapmak istediğini bilmese de onun bir konuda hiç şüphesi yoktu. Bu gece hat-trick yapmak istiyordu.

On dakika sonra aradığı fırsatı buldu. Marco Reus, mükemmel bir şekilde hesapladığı ara pasla Erling'i, Augsburg'un ileri savunma hattının arkasına kaydırdı. Erling anında topu alıp kaleye doğru ilerlemeye başladı. Defans oyuncularının peşinde olduğunu hissedebiliyordu, bir an için kendini kapana kısılmış hissetti.

Top ayağına yapışıp kalmıştı sanki; bir türlü doğru açıyı tutturamıyordu. Defans artık ensesindeydi ve kalecinin de önünde belirdiğini görebiliyordu. Ama kimse bu hat-trick'i engelleyemeyecekti. Özellikle de daha yeni çıktığı bu ilk maçında.

Son bir gayretle hızlanıp sol ayağının yan tarafıyla şutunu çekti. Top, kaleciyi geçerek fileleri tekrar havalandırdı.

İşte, başarmıştı. İlk maçında sadece gol atmakla kalmamış bir de hat-trick yapmıştı. Almanya'daki tüm gözler, belki de Avrupa bile artık onu izleyecekti.

"Demek birkaç dakika forma giymek senin için yeterli değilmiş!" dedi Gio Reyna yüzünde koca bir sırıtışla.

Maçın sonunda Erling hakeme giderek yüzüne yerleşen büyük bir gülümsemeyle topu aldı.

"Bunun kurallara uygun bir hat-trick olmadığını biliyorsun, değil mi?" dedi kaptan Marco Reus gülerek. "En azından Almanya'da."

"Nasıl yani?" dedi Erling.

"Attığın gollerin arasında başka birinin golü olmaması lazım," dedi Reus kıkırdayarak. "Ama bu seferlik bunu görmezden geleceğim."

Erling gülse de elindeki topu sımsıkı tuttu.

Dortmund kariyeri için harika bir başlangıçtı bu; daha önce de birçok kez hat-trick yapmıştı ve bu seferkinin de sonuncu olmayacağını biliyordu.

Dortmund'la yaşayacağı tek büyük anı da bu olmayacaktı. Bundan emindi.

“Kibar olun, cömert olun, anlayışlı olun ama hepsinden önemlisi bulunduğunuz yer için daima minnet duyun.”

2

OLAĞANÜSTÜ

Haziran 2006, Bryne FK Antrenman Sahası,
Bryne, Norveç

Alf-Inge Haaland beş yaşındaki oğluna gülümseyerek, "Tek yapman gereken evde benimle ve kardeşinle oynadığını hayal etmen," dedi.

Erling suspus olmuştu. Okul bahçesinde veya kardeşiyle evinin bahçesinde top oynamak bir şey, Bryne FK'da oynamak ise bambaşka bir şeydi. Okul takımı değildi bu, gerçek bir futbol kulübüydü.

Herhangi bir futbol kulübü de değildi; inanılmaz bir geçmişe sahip olan Norveç takımlarından biriydi. Bryne FK, Avrupa kupalarına katılmış, birçok kez de ilk ikide bitirmişti ve hepsinden önemlisi Erling'in babasının kariyerine başladığı yerdi.

Erling, daha şimdiden gözlerin kendisine ya da daha yüksek ihtimalle babasına çevrildiğini hissedebiliyordu. Sonuçta buradaki tüm çocukların Alfie Haaland'ı tanıdığından ve Erling'in onun oğlu olduğunu bildiklerinden emindi. Dolayısıyla hakkındaki beklentilerin yüksek olacağının farkındaydı. Bu adın hakkını vermesini bekleyeceklerdi.

"Benim kim olduğumu biliyorlar baba," dedi Erling.

"Bunu hiç kafana takma oğlum. Sadece kendin ol. Önemli olan bugün senin iyi vakit geçirmen."

Erling göz ucuyla onlara yaklaşan bir adamı fark etti. İçeride olmalarına rağmen adam uzun paltosuyla kalın atkısına sımsıkı sarınmıştı.

Elini Erling'in babasına doğru uzattı.

"Alfie," dedi gülümseyerek. "Seni tekrar burada görmek ne güzel. İnsan nasıl da eski günlere gidiyor, değil mi?"

Erling'in babası da güldü ve ikisi birkaç dakika neşeli bir şekilde sohbet ettiler.

"Bu da küçük Erling olmalı, herhâlde?" dedi bakışlarını indirip elini uzatarak. "Ben Alf Ingve Berntsen. Genç takımın antrenörüyüm."

Erling elini tutup sıkarken ne diyeceğini bilmiyordu.

"Burada daha çok yeni olduğunu biliyorum Erling ama seni takımda bir yaş büyük olan gruba yerleştireceğiz," diye devam etti. "Burada kız-erkek karışık takımlar hâlinde oynarız ama babanın bana söylediğinin yarısı kadar iyiysen hiçbir sorun yaşamazsın."

Alf Ingve, kolunu Erling'in omuzuna atarak çocuğu arenanın köşesindeki sahaya götürdü.

Bütün gözlerin kendisine çevrildiğini hissedebiliyordu Erling. Alf-Inge'nin oğlunun nasıl top oynadığını görmek istiyorlardı. Ama bu bile onu yıldırmadı. Sadece harekete geçmek, topu ayağında hissetmek istiyordu.

"Normalde hangi mevkide oynuyorsun peki?" diye sordu Alf Ingve taç çizgisinde dururken. Maç çoktan başlamıştı ve Erling de sahada birbirini kovalayan çocukları izlemeye koyuldu.

"Forvet," diye yanıtladı sonra.

"Pekâlâ, umalım ki babandan daha iyi bir golcü olursun," dedi Alf Ingve kıkırdayarak.

Bir dakika sonra Erling sahadaydı. Bütün oyuncuların bakışlarını üzerine odakladığını hissedebiliyordu. Haaland'ın oğlunun iyi olup olmadığını görmek için âdeta can atıyorlardı.

Maça alışması biraz zaman aldı. Bacakları ağırlaşmıştı sanki, koşmak çok güç geliyordu ama zamanla oyunun ritmini yakalamaya başladı.

"Else!" diye bağırdı takım arkadaşlarından biri topla dripling yaparken. "Bana yolla!"

Else topu verdiğinde sol ayağının iç kısmıyla ustaca kontrol etti. Defans oyuncularından birinin kendisine yaklaştığını hissetti ve sola gidecekmiş gibi yaptı. Defans şaşırıp da o yöne döndüğünde Erling çoktan sağda ilerlemeye başlamıştı.

İkinci bir defans oyuncusu ona doğru koşuyordu, hemen hızlanarak ceza sahasına daldı. Vücudunu bükerek sol ayağını topa doladı ve uzak köşeye doğru falsolu bir şut atmayı hedefledi.

Aklından geçenler gerçeğe döndü ve topun kaleciyi geçip kalenin dibine doğru süzülüşünü izledi. Kollarını golün sevinciyle havaya kaldırdı.

"Vay be! Ne goldü ama," dedi Else.

"Teşekkürler. Güzel asistti!" dedi Erling.

"Harika gol Erling," diye seslendi Alf Ingve kenardan. Başparmağını kaldırarak kendisine bakan babasına baktı hemen.

Gol, Erling'in öz güvenini artırdı ve tüm gerginliği yavaş yavaş azaldı. Ayağındaki topla kendini daha da rahat hissederek daha önceden yapmadığı şeyleri denemeye başladı. Uzaktan şut çekiyor, defans oyuncularının üzerine koşuyor, topa küçük dokunuşlar ve vuruşlar deniyordu.

Else bir kez daha sağ kanattan topu kapınca Erling de ceza sahası içindeki pozisyonunu aldı. Bağırıp defansa yerini belli etmek yerine bu defa kolunu yukarı kaldırdı.

Else pas verme niyetiyle topa vursa da hatalı bir vuruş sonucunda top havaya uçtu. Diğer oyuncular topun düşeceği noktaya doğru hareket ederken Erling doğrudan topa doğru hamle yapıp havaya sıçradı. Kafası topla buluştuğu anda onu kaleye doğru yollayıp ağlarla buluşturdu.

GOL!

Erling'in takım arkadaşlarının hepsi ilkine kıyasla bu golden daha fazla etkilenmiş hâlde onu kutladılar. Artık takımın saygısını kazanmıştı. Onlara göre o artık 'Alfie Haaland'ın oğlu' değil Erling'di.

Erling'e göre zaman çok hızlı geçse de maç sona erdi ve her iki takım da sahadan çıktı. Erling babasına doğru yürürken Alf Ingve Berntsen yüzünde kocaman bir sırıtışla ona yetişti.

"İnanılmazdı Erling! İnanılmaz!" dedi. "İkinci goldeki sıçrayışın neydi öyle! Beş yaşındaki hiçbir çocuk böyle sıçrayıp topa vuramaz! Bryne'da parlak bir gelecek seni bekliyor!"

"Teşekkür ederim," diye mırıldandı Erling, babasına doğru yürümeye devam ederken.

"Böyle devam edersen gelmiş geçmiş en iyi Haaland sen olursun!" diye bağırdı Alf Ingve de arkasından.

ENGLAND

3

İKİ AYAKLI SIRIK

Temmuz 2014, Bryne FK Antrenman Sahası,
Bryne, Norveç

“Sen kimsin ve Erling’e ne yaptın?” dedi Alf Ingve, Erling sahada ona doğru koşarken.

O da omuz silkmekle yetinip uzayan boyuna bakarken, “Ufak bir boy atağı sadece,” diye güldü.

Alf Ingve’yi kendine hayran bıraktırışından bu yana geçen yıllar içinde Erling, Bryne’ın genç takımlarında hiçbir güçlükle karşılaşmadan ilerlemişti ama hâlen daha futbol kariyerine başlatacak olan büyüme atağını bekliyordu.

Babası iri yarı, kaslı, mücadeleci bir defans oyuncusu; annesiyse yetenekli bir heptatlon atletiydi. Erling’in ağabeyi bile ondan epey uzundu. Erling kendi zamanının geleceğini bilse de beklemek zorunda kaldığı süre uzadıkça umudu da tükeniyordu.

Bir sabah uyanıp kendini birdenbire 1,80 boyunda, kaslı bir bedende bulmayı ümit ediyordu. Ama aylardan beridir her sabah hayal kırıklığıyla uyanmıştı.

"Akranlarından geç gelişmek daha iyidir," deyip duruyordu Alf Ingve. "Daha minyonken teknik becerilerini geliştirebilirsin ve böylece fiziksel boyutuna bağımlı olmazsın. Böylesi daha iyi."

Erling, Alf Ingve'nin haklı olduğunu bilse de hüsrana uğramaktan kendini alamıyordu. Çoğu zaman topu önüne katıp peşinden koşarken ondan çok daha uzun bir defans oyuncusu tarafından geçiliyordu.

Nihayet beklediği atak, Erling'in farkına bile varmadığı kademeli bir süreçte gerçekleşti. Temmuz ayının sonunda 1,80'in üzerindeydi.

"Ee, bugünkü antrenman için hazır mısın?" diye sordu Alf Ingve, Erling'i tepeden tırnağa süzerek.

Erling başıyla onaylayıp bakışlarını Alf Ingve'nin ardındaki ısınan oyunculara çevirdi.

Antrenman sahasına doğru yürürlerken, "Yakında A takımla antrenman yapacaksın," diye devam etti Alf Ingve.

"Sahi mi? Biraz erken değil mi?" diye sordu Erling.

"Seni Bryne'da ancak belli bir noktaya kadar götürebiliriz Erling," diye itiraf etti Alf Ingve. "Yakında bize fazla geleceğine eminim."

Erling cevap vermedi. Bryne'a dair her şeyi seviyordu; kasabayı, antrenörlerini, takım arkadaşlarını. Son on yılda aynı oyuncu grubuyla büyüdükten sonra birçoğu Erling'in en yakın arkadaşları olmuştu.

Ancak babası daha 22 yaşındayken İngiltere'ye taşınmıştı ve biliyordu ki üst düzey bir futbolcu olmak istiyorsa Norveç'te kalamazdı.

"Her neyse, bunu başka bir zaman konuşuruz," dedi Alf Ingve sessizliği bozarak. "Bugüne odaklanıp şu sırık gibi boyunla neler yapabileceğini görelim haydi."

Antrenman zorlu geçmişti. Norveç'te mevsim yaz olsa da çok soğuk bir gündü ve yağmur yağıyordu. Alf Ingve ve diğer antrenörler, oyunculara temel antrenmanları yaptırdıktan sonra hepsinin beklediği o an yani maç vakti geldi.

Bu sadece takım içinde bir antrenman maçı olmasına rağmen Erling kaybetmekten hoşlanmazdı. Küçük yaşlardan itibaren babası ona güçlü bir kazanma hırsı aşılamıştı. Her koşulda ne pahasına olursa olsun galip olmalıydı.

"Maçı kaybetmekten bahsetmiyorum ben," demişti Alfie oğluna. "Bir maçta elinden geleni yapmadığını bilerek o sahadan ayrılmak istemezsin. Yüzde yüzünü ortaya koymadıysan yine kaybetmişsin demektir."

Antrenman maçı başladığında Erling'in aklından bu sözler geçiyordu. Herkese neler yapabileceğini gösterecekti.

Maçın hemen başında Erling, rakip oyuncu Morten ile zorlu bir ikili mücadeleye girdi.

"Yavaş ol Erling," dedi Morten.

"Üzgünüm dostum," diye yanıtladı Erling arkadaşını ayağa kaldırırken. "Hızımın farkında değildim!"

Dakikalar sonra da ilk gol fırsatını yakaladı. Defans oyuncularından birini geçip dönerek topu sol ayağına aldı. Artık önünde bir boşluk açılmıştı ve topu da öne doğru yolladı. Kramponları zemini döverken topun peşinden koştu.

Ayakları ilk defa ona itaat ediyor gibiydi. Yakınında hiçbir defans oyuncusu yoktu ve top durmadan önce ona yetiştiğinde neredeyse kendisi bile buna şaşırmış gibiydi. Topu kontrol edebilmek için aniden durup yavaşlamak zorunda kaldı. Ardından kaleciye hiçbir şans tanımadan kalenin sol üst köşesine doğru şutunu çekti.

GOL!

Kornerden gelen topu sert bir kafa vuruşuyla ağlara göndererek ikinci golünü attı. Dahası maç bitmeden hat-trick de yaptı. Bir hava topu savunma oyuncularını hareketsiz bırakınca Erling de onları geride bırakacak kadar hızla koşmuştu. Önü açık ve karşısında sadece kaleci vardı.

Daha güçlü olan sol ayağıyla sola gidiyormuş numarası yaptı ama sonra bir adım atarak sağ tarafa gidip kaleciyi çimin üzerinde hareketsiz bıraktı. Tek yapması gereken topu boş ağlara yollamaktı.

"Hadi ama Erling! Bu sadece bir dostluk maçı!" diye bağırdı biri.

"Beni böyle utandıramazsın!" dedi kaleci ayağa kalkarken gülerek.

Maçın sonu, antrenman vaktinin de sonuydu ancak Erling kendini biraz olsun yorgun hissetmiyordu. Herkes soyunma odalarına giderken o fazladan şut çalışmak için kalmaya karar verdi.

"Yeni boyun işine yarıyor gibi görünüyor, Erling. Harika bir maçtı," dedi Alf Ingve, Erling antrenman için konileri dizerken. "Böyle devam edersen seni düşündüğümüzden daha hızlı bir şekilde A takıma dâhil edeceğiz. Oradakilerden bile daha uzun olacaksın!"

4

A TAKIMA ÇIKIŞ

Mayıs 2016, Extra Arena, Ranheim, Norveç
Ranheim Fotball-Bryne FK

"Neler oluyor?" diye sordu Erling, takımın kaptanı Bjørnar Holmvik'e.

Bjørnar öfkeyle telefonunun ekranına bir şeyler yazarak, "İhtiyar, görevden alınmış," diye yanıtladı. "Ben de onun yerine kimin geçeceğini öğrenmeye çalışıyorum. Alf olabileceğini düşünüyorlar."

Yeni boyuyla daha da güçlenen Erling'in futbolu da başka bir seviyeye çıkmıştı. Boyu çok daha kısayken geliştirdiği teknik beceriler artık hızına ve gücüne göre ikinci planda kalıyordu.

2015-16 sezonunun başında Norveç'in dördüncü liginde oynayan Bryne'ın ikinci takımına yükselmişti. Genç takımlara karşı oynadıktan sonra bu, önemli bir adımdı. Defans oyuncuları faul yapmaya çok daha yatkın oluyor, Erling de sahadan sık sık ayak bileklerinde morluklarla ayrılıyordu.

Ancak yeni edindiği cüssesi, elinden gelenin en iyisini yapmasına epey yardımcı oluyordu; şimdiden 14 maçta 18 gol atmıştı. A takıma geçme aşamasındayken neler yapabileceğini göstermek için bir fırsata daha ihtiyacı vardı.

Erling, yedekler arasındaki bir antrenman sırasında sahanın diğer tarafında A takım teknik direktörü Gaute Larsen'ın görevden alınmasına ilişkin çıkan kargaşayı fark etti.

Beş yaşından beri kendisine koçluk yapan Alf Ingve Berntsen'in, Bryne'ın yeni A takım teknik direktörü olarak atanacağını öğrenmekse Erling için büyük bir şok oldu. Takımın başında o varken A takıma çağrılma şansının çok daha yüksek olduğunu biliyordu.

"Yeni teknik direktör kim olursa olsun, sabırlı olmalısın Erling," dedi babası. "A takıma 15 yaşında çıkan başka oyuncu tanımıyorum. Beş yıl sonra bile hâlâ genç bir oyuncu sayılacaksın. Acele etmeye lüzum yok."

"Ama ben de senin gibi Premier Lig'de oynamak istiyorum!" dedi Erling. "Dünyanın en iyi futbolcularından biri olmak istiyorum. Eğer şimdi bunu başarabilirsem o zaman her şeyi başarabilirim."

"Tamam, tamam," diye kabul etti Alf-Inge. "O hâlde şansını denemeye hazır ol. Kendini ispat etme konusunda da gözünü korkutma."

Birkaç gün sonra Alf Ingve resmî olarak geçici teknik direktör pozisyonuna atandı ve Erling'i de Ranheim'a karşı oynanacak deplasman maçı için çıkaracağı ilk kadroya dâhil etti. Erling yedek kulübesinde başlayacaktı ama teknik direktörü onu oyuna almaya çalışacağını söylemişti.

Ev sahibi takım ligde Bryne'ın birkaç basamak üzerindeydi. Yani takımın önemli bir puan elde edebilmesi için iyi bir fırsattı bu.

Futbolcular soyunma odasından çıkarken Alf Ingve, Erling'e yetişti.

"İkinci yarıda seni almaya çalışacağım," dedi. "Sadece rahatla ve her zamanki oyununu oyna, neler yapabileceğine bir bak. Sakın endişelenme, iyi olacaksın!"

"Olacağıma eminim zaten," diye yanıtladı Erling sırıtarak.

"Ah, evet, unutmuşum sen diğer futbolcular gibi değilsin," dedi Alf Ingve gülüp başını sallayarak.

İlk yarı, Ranheim'ın gole çevirmeyi başardıkları erken bir penaltısı dışında sakin geçti. Bryne artık maça geri dönmenin bir yolunu bulmak zorundaydı ve ikinci yarının yirmi dakikası geçmişti ki tüm dikkatler 15 yaşındaki forvetlerine çevrildi.

Erling taç çizgisinde bir aşağı bir yukarı volta atıyor, ara sıra sanki ısınıyormuş gibi yavaş bir tempoyla koşuyordu. Sahaya çıkmak için can atıyor, neler yapabileceğini göstermek için sabırsızlanıyordu.

Robert Undheim'ın yerine girerek her zamanki forvet mevkisi yerine saha kenarındaki çizgilere daha yakın bir mevkide çıktı. Kendini en rahat hissettiği yer sayılmazdı burası ama nerede olsa fark yaratabileceğini biliyordu.

Bryne çaresizce topları ileriye yollayarak beraberlik şansı kovalarken Erling de her topun peşinde, her kafa vuruşu için en öndeydi. Yedeklere yükselmenin bile zor olduğunu düşünse de burası başka bir seviyeydi. Defanslar biraz daha sert, biraz daha güçlü ve daha akıllıydı. Her topu hızla kovalayabiliyorlardı ve Erling, her defasında az farkla kaçırdığı toplar için kendini berbat hissediyordu.

Ama yavaş yavaş, topa birkaç dokunuşla maça dâhil oldu ve hatta Ranheim'ın defans oyuncularından birinin engellediği bir şut bile çekti.

Sonrasındaysa o daha farkına bile varmadan maç sona ermişti. Profesyonel futbol kariyerine istediği o harika başlangıcı yapamamıştı ama başlangıç başlangıçtı işte.

Ve Alf Ingve ekibin başındayken devamının geleceğini biliyordu. Çok geçmeden daha üst düzey maçlarda da oynayacaktı.

5

BİR EFSANEYLE TANIŞMA

Şubat 2017, Molde Antrenman Sahası, Molde, Norveç

"Büyük bir kulüp bu, Erling. Kariyer basamaklarını orada daha hızlı tırmanabilirsin. Bundesliga en kaliteli liglerden biridir."

"Bir Premier Lig değil ama, değil mi?"

"Nottingham Forest'a transfer olup İngiltere'ye taşındığımdan çok daha genç bir yaştasın sen. Ne var ki zaman değişti; böyle bir fırsatın bir daha ne zaman karşına çıkacağını bilemezsin."

Bryne'da 16 maç oynayıp hiç gol atamadıktan sonra Erling'in hissettiği tek şey hayal kırıklığıydı. Hâlâ yeteneklerini boşa harcadığını düşündüğü bir mevkide, kanat oyuncusu olarak oynatılıyordu.

Ancak ortaya koyduğu performanslar gözden kaçmamış ve Bundesliga'da mücadele eden orta sıralardaki Alman kulüp Hoffenheim kendisine deneme yapmayı teklif etmişti. Erling 15 yaşında olduğundan henüz profesyonel bir sözleşme imzalamamıştı, bu yüzden de onu isteyen herhangi bir kulüple anlaşmakta özgürdü.

Birkaç gün düşündükten sonra teklifi geri çevirmeye karar verdi. Neticede bu sadece bir denemeydi ve sözleşme imzalanacağına dair hiçbir garanti yoktu. Öyle bile olsa A takım için oynamasının yıllar alabileceğini biliyordu.

Bunun yerine tüm dikkatini antrenmanlara vererek Bryne ile devam etmeye karar verdi. Bryne'da kalacaksa A takımdaki yerini koruduğundan emin olacaktı. Ne de olsa kariyerindeki ilk profesyonel golüne ulaşmak için hâlâ çabalıyordu.

Bir antrenman sonrasında soyunma odasındayken babası aradı.

"Az önce kiminle konuştuğuma inanmayacaksın," dedi Alf-Inge. "Ole Gunnar Solskjær adı sana bir şey ifade ediyor mu?"

Ole Gunnar Solskjær'in kim olduğunu elbette biliyordu. Man United ile Şampiyonlar Ligi'ni kazanan efsanevi Norveçli eski forvet oyuncusu. Şu anda Norveç'in en büyük takımlarından biri olan Molde'nin başındaydı.

"Bir dakika... Molde beni mi istiyor?" diye sordu Erling doğrudan konuya girerek. Molde'ye gidip Norveç'in gelmiş geçmiş en büyük forveti oynama fırsatı yakalamışken verilecek karar çoktan belliydi. Bu transferi mutlaka ama mutlaka gerçekleştirmeliydi.

Babası ilgilendiklerini doğruladıktan sonra gerisi formaliteden ibaretti zaten. Şubat ayının sonunda Erling, Molde ile antrenmanlara başlayacak ve sonunda kahramanı Ole ile tanışacaktı.

Ole iri yarı bir adam olmamasına karşın girdiği her ortama tamamen hâkim olurdu. Özellikle de burada, böylesi bir üne sahip olduğu Norveç'te. Kendini resmen bulutların üzerinde hisseden Erling, teknik direktöründen alabileceği her türlü tavsiyeyi almaya açtı. Gol atmayı bilen biri varsa o da Ole'ydi.

İlk ufak ipucu, Erling'in yeni başlayan Molde kariyerinin sadece birkaç hafta sonrasında gelmişti.

"Fazla hareketlisin Erling," diye bağırdı Ole genç oyuncuya yanına gelmesini işaret ederek. Ole sahaya gelerek antrenmanda Erling'in yerini aldı. Erling oradan oraya hareket ediyor, topu köşeden indirebilmek için kendine bir boşluk bulmaya çalışıyordu.

Şimdi Ole'nin ceza sahasındaki yerini alışını izledi. Top havada süzülürken Ole hareket etmiyor gibiydi. Diğer forvetlerden biri topa vurduğunda Erling gözlerinin Ole'den topa çevrildiğini hissetti. Ama top ceza sahası içinde hareket ederken birden Ole'nin orada belirdiğini gördü. Topu yakın mesafeden kalecinin yanından ağlara yollamıştı.

"Ne yaptığımı gördün mü?" diye sordu Erling'in durduğu yere dönerek.

"İşin sırrı sürekli hareket etmekte değil," diye devam etti. "Akıllıca hareket etmeli ve doğru zamanı beklemelisin. Şimdi tekrar dene!"

Pozisyonu birkaç kez tekrarladılar ve tüm takımın işin içine dâhil olmasına rağmen Erling kendini sanki Ole Gunnar Solskjær'den özel ders alıyormuş gibi hissetti. Talihinin böylesine döndüğüne inanamıyordu. Keşke Bryne'daki çocuklar onu şimdi görebilseydi...

Sonra deneme sırası Erling'e geldi. Top karşıdan ona doğru gelince kafa topunu almak için havaya sıçramadan önce yavaşça defans oyuncularının arkasına geçti. Defans oyuncuları ona takılıp yere indiğinde Erling topu kafasıyla karşıladı ancak top direğin üzerinden uzaklara uçtu.

"Hadi ama dostum!" dedi defans oyuncularından biri. "Buna hiç gerek yoktu."

"Bir daha deneyelim," diye yanıtladı Erling oyuncuları ayağa kaldırarak.

6

İLK GOL

Nisan 2017,
Volda Stadion, Volda, Møre og Romsdal, Norveç
Volda TI-Molde FK

"Bunun alışık olduğumuz türden bir stadyum olmadığını biliyorum çocuklar ama konsantrasyonumuzun bozulmaması çok önemli. Bu kupayı kazanmak için elimizde gerçek bir şans var ve her şey bugüne bağlı!" Solskjær soyunma odasında durmuş, oyuncularına bakıyordu.

Erling her zaman Bryne'ın küçük bir stadı olduğunu düşünmüştü ama Volda'nın sahasıyla kıyaslandığında aslında gayet iyi bir durumda olduğunu anladı. Ev sahibi ekip üçüncü ligde oynuyordu ve taraftarların oturması için doğru düzgün bir tribünleri bile yoktu.

Erling, Molde'nin açılış maçlarını yedek kulübesinden izlemişti. Teknik direktörü o zamanlar onu oynatma riskine hazır değildi ama Molde ile birkaç ay çalıştıktan sonra Erling ilk çıkışını yapmaya hazırdı.

Ve bugün Ole de bu riski almaya hazırdı.

Soyunma odasından çıkmadan önce Erling'i yakaladı.

"Bende olmayan bazı avantajlara sahipsin, Erling," dedi ona. "Uzunsun, güçlüsün, hızlısın... Bunları kullanmaktan korkma. Elinden geleni yap. Goller atman için seni bekliyor!"

İlk yarı sakin ve sıkıcı geçti. Erling birkaç fırsat yakalasa da Volda savunmasının ardına pek geçemedi. Bu sahadaki ilk golünü atma şansını ikinci yarıya kadar yakalayamadı.

Thomas Amang'dan aldığı milimetrik bir pasla Erling koşusuna devam etti. Topu alıp ceza sahasına doğru ilerledi. Sahanın zemini epey kötü olduğundan top önünde yalpalayıp sekiyordu. Topu ayağında tutmak için konsantre olması gerekiyordu.

Topu kalecinin üzerinden sektirebilmek için engebeli sahayı da kullanarak kaleye doğru bir şut atmayı başardı. Top, kale çizgisine doğru ağır ağır ilerlerken savunmanın tüm engelleme çabalarına karşın ağlarla buluştu.

En temiz şutu olmadığı gibi kesinlikle en iyi gollerinden biri de değildi ama bunun hiçbir önemi yoktu.

"Nihayet!" diye haykırdı zaferle kolunu havaya kaldırarak. Takım arkadaşları ilk profesyonel golünün sevincini yaşamak için etrafını sarmışlardı.

"16 yaşında gol atmak ha? Sanırım ilk profesyonel golüm bundan on yıl sonraydı," diye takıldı Erling'in takım arkadaşlarından biri.

Bitiş düdüğü çaldığında Ole koşarak genç forvetine sarıldı.

"Seninle gurur duyuyorum Erling. Şu anda, şu yaşında bile gol atıyorsan kim bilir gelecekte kaç tane atacaksın!"

7

YEDEK KULÜBESİ ETKİSİ

Eylül 2017, SR Bank Arena, Stavanger, Norveç
Viking FK-Molde FK

"Erling! Hazırlan! Oyuna giriyorsun!"

Son birkaç aydır giderek daha fazla duymaya başladığı bir haykırıştı bu. Isınmasını kısa keserek hemen santra çizgisine koştu.

İlk maçında Volda'ya attığı golden sonra açıkçası doğrudan ilk on bire girmeyi ummuştu. Ama durum düşündüğü gibi olmamıştı. Maçların çoğunu yedek kulübesinden izleyerek geçirmiş, sadece ara sıra yedek oyuncu olarak sahaya girmiş ve maçın bitmesine dakikalar kala çok şey yapması istenmişti.

Erling'in nefret ettiği bir görevdi bu. On dakika içinde nasıl hem oyunun kaderini değiştirip hem de teknik direktörünü etkileyebilirdi ki?

Bu endişelerini başlangıçta nazikçe dinleyen babasına dile getirmişti ama Erling, onun da zamanla söylenmelerini dinlemekten bıktığını hissedebiliyordu.

"Erling, daha 17 yaşında bile değilsin," demişti Alf-Inge ölçülü ama katı bir ses tonuyla. "Ben 18 yaşıma kadar ilk maçıma çıkmamıştım bile. Ole, yirmili yaşlarına gelene kadar Molde ile sözleşme imzalamamıştı. Takımın bir parçası olmak için can attığını biliyorum ama sabırlı olmak zorundasın."

"Bütün bunları ben de biliyorum baba ama takımı daha ileri götürebileceğimin farkındayken sabırlı olmak zor!" diye söylendi Erling. "Açgözlülük değil bu; sadece bir fark yaratabileceğimi biliyorum. Ama iki haftada bir on dakika oynayarak kendimi nasıl gösterebilirim?"

Babası iç çekmekle yetindi. Oğlunu herkesten daha iyi tanıyordu. Ne de olsa içindeki bu dürtüyü, bu kazanma hırsını oğluna aşılayan Alf-Inge idi. Onu her fırsatta zorlayan, Leeds ve Man City'de geçirdiği zamana ilişkin hikâyelerle aklını dolduran oydu. Böylesine azimli, böylesine inatçı bir oğula sahip olduğu için suçlayabileceği tek kişi kendisiydi.

"Bak, seni anlıyorum Erling," diye devam etti. "Ole de öyle. İkimiz de kariyerlerimizde yedek oyuncu olduk, ikimiz de her maça ilk 11'de başlamak istedik."

"Evet, öyledir," diyerek hak verdi babasına Erling. Bazen diğer insanların da kendisiyle aynı şeyleri yaşayarak bu yollardan geçtiğini unutuyordu. Ama bazen de sanki dünyada bunları yaşayan tek kişi kendisiymiş gibi hissediyordu.

Yine de bunu bir başkasından duymak iyi geliyordu ve içten içe babasının haklı olduğunu biliyordu. Erling sık sık boşuna oyalandığını hatta kariyerinin geriye gittiğini hissederdi; hâlbuki daha 17 yaşında bile değildi ve şimdiden Norveç futbolunun en üst seviyesindeki takımlardan biri olan Molde için oynuyordu. Kaç kişi daha 16 yaşında böyle bir başarıya sahipti ki?

"Yedek kulübesinden nasıl etkili olunacağını öğrenmek istiyorsan Ole ile konuş," diye ekledi babası. "United'ta oynarken yedeklerden girip de ortaya koyduğu performans inanılmazdı. Yedek kulübesinde fark yaratmayı bilen biri varsa o da odur."

Erling, babasının tavsiyesini dinleyerek bir sonraki antrenman vakti geldiğinde gergin bir şekilde Ole'ye yaklaştı.

"Bir süre daha oyuna yedek kulübesinden gireceğimi tahmin edebiliyorum," dedi kaygılı bir şekilde. "Bu yüzden sahada geçireceğim zamanda nasıl daha etkili olabileceğimi öğrenmek istiyorum. Tıpkı senin United'da yaptığın gibi."

"Bu fikri sana baban mı verdi?" dedi Ole gülerek. Belki de tavsiye istemenin Erling'in mizacına pek uygun olmadığını sezmişti.

Ole'yle gülüp biraz olsun rahatlayarak başıyla onayladı Erling.

"İşin püf noktası, kendin hakkında düşünmeye çok zaman harcamamak," diye açıkladı Ole. "Ben yedek kulübesindeyken defans oyuncularını izler, zayıflıklarını arardım."

Erling duyduklarını zihnine not ederek başıyla onayladı.

"Böyle yaptığın takdirde sahaya çıktığında stoperlerin güçlü ve zayıf yönlerini biliyor olursun. Hem oyuna alışmak için beş dakika harcamana da gerek kalmaz çünkü kimin hızlı, kimin güçlü, kimin paslarının berbat olduğunu zaten biliyorsundur. Anlatabildim mi?"

"99'da yaptığın bu muydu?" diye sordu Erling. 1999'da Bayern Münih'e karşı oynanan Şampiyonlar Ligi finalinden bahsediyordu. Ole yedeklerden maça girip Man United adına galibiyet golünü atmıştı.

"Hayır, o tamamen tesadüftü!" dedi Ole gülerek. "Ama sana söylediğim şey gerçekten işe yarıyor. Bir sonraki maçta dene bakalım ve işine yarayıp yaramadığını kendin tecrübe et."

İşte o 'sonraki maç' bugündü. Erling bir kez daha kendini yedek kulübesinde bulurken bir kez daha kalan son 25 dakikada oyuna giriyordu.

Molde, Viking deplasmanında 2-1 öndeydi. Rakip 10 kişiye düşmüştü. Erling'in sahaya çıkıp da gol atmaya çalışması için mükemmel bir ortamdı.

Yedek kulübesindeki zamanını Viking oyuncularını yakından izleyerek geçirmişti. İki numaralı futbolcuları Martinsen, 10 adama düştüklerinden beri epey huzursuz görünüyordu. Erling arkasına geçebilirse orada boşluk bulacağını biliyordu. Yani gol atma şansı elde edebilirdi.

Erling oyuna girdikten kısa bir süre sonra Viking, skoru 2-2 yaparak şartları eşitleyen şaşkınlık verici bir gol attı. Artık defansa ağırlık verecekleri için Erling'le diğer Molde forvetlerinin ilerleyebilmesinin güç olacağı açıktı. Yakaladığı anda şansını denemesi gerekecekti.

Maçın bitimine 10 dakika kala Molde o fırsatı buldu. Tepeden Fredrik Aursnes'e doğru bir hava topu gelince hem o hem de Erling ileri doğru atıldı. Erling hızını azaltıp Martinsen'in kör noktasında pusuya yattı.

Defans oyuncusu, Aursnes'i kapatmak için koşarken Erling'in önünde boşluk bıraktı.

"Fred!" diye kükredi hemen. "Yolla topu!"

Pas gayet iyiydi ama sahada yuvarlanırken yalpalayıp sekti. Erling kendini toparlamak için hafif bir nefes aldı. Topa çılgınca saldırıp sonunda ayağından kaçırmayı göze alamazdı.

Dikkatli bir şekilde sol ayağını geri çekti ve topu kalecinin yanından ağlara yolladı.

"İşte bu!" diye haykırdı maç için takımını desteklemeye gelen Molde taraftarıyla gole sevinirken. Erling yedek kulübesinden bir etki yaratmakla kalmamış, maçı kazandıran golü atmıştı.

“Demek geçen gün antrenmanda anlattıklarımı dinliyordun!” dedi Ole son düdükten sonra sırıtarak. “Bu fırsatlardan böyle yararlanmaya devam edersen seni ilk on bire almamakta zorlanacağım!”

8

YİRMİDE DÖRT

Temmuz 2018, Brann Stadion, Bergen, Norveç
SK Brann-Molde FK

"Artık esas adamım sensin Erling. Ligi şampiyon bitirmek istiyoruz ve seni de bunun merkezinde görmek istiyorum," dedi Ole ona sezon başında.

Erling'in Viking'e karşı attığı gol onu ilk 11'e sokmasa da öz güvenini büyük oranda artırmıştı. Öyle ki sadece on veya on beş dakika bile oynasa yedeklerden oyuna girip bir fark yaratabiliyordu.

Ardından ligin ikinci yarısına başlamalarına az kalmışken Molde'nin forveti Björn Sigurðarson kulüpten ayrıldı. Ole, oyunculara yeni forvet transferi yapılmayacağını açıkça belirtmişti.

Erling'in kariyerinde bu, takımdaki yerinin garanti olduğu ilk zamandı. Ole'nin sözünü tutacağına emin olamasa da yine de öz güveni yüksekti. Ole'nin söylediklerinin arkasında duracağını umuyordu -ki bunu yapmasa bile Erling takıma girmenin bir yolunu muhakkak bulurdu.

Molde sezona iyi başlamıştı ve Erling, takıma girmek için kendi bireysel çabasını ortaya koymak yerine takımın yaptıklarına odaklanabildiği için mutluydu.

Ligi birkaç kez epey farkla ikincilikle bitirmiş olmalarına rağmen Molde, 2014'ten beri lig şampiyonu olamamıştı. Fakat bu yıl farklı olan bir şeyler vardı ve Erling bu sefer şampiyon olabileceklerinden emindi.

Belki de takımdaki yerini sağlama aldığındandı ama kulübün atmosferi şimdi çok daha iyi gibiydi. Ole sürekli gülümsüyor, futbolcular da onun bu iyimserliğinden beslenerek öz güvenle doluyordu.

Bugünkü maç son derece önemliydi. Molde, ligin şu anki lideri SK Brann ile deplasmanda oynayacaktı. Ligin sezon boyunca yenilmemiş, en formda takımıydılar. Molde şampiyonluk yarışında ciddiyse bugün bu maçı kazanmak zorundaydı.

Kanat oyuncuları Petter Strand ve Eirik Hestad'ın desteklediği Erling önde oynayacak şekilde sahaya çıkıyordu. Ole'nin bu seneki güvenine ve Molde'nin gösterdiği iyi performansa karşın Erling, 2018 sezonunda şimdiye dek sadece iki gol attığından bu konuda büyük bir sıkıntı çekiyordu.

Maçın başlama vuruşundan önce Ole, genç forvet

oyuncusunu soyunma odasında yanına çağırdı.

"Bugün için sana güveniyorum Erling," dedi Ole. "Gol atma konusunda biraz sıkıntı yaşadığını biliyorum ve bunun ne kadar canını sıktığını da ama güven bana, doğru yoldan ilerliyorsun. Peşinden mutlaka goller de gelecektir."

Erling başıyla onayladı. Gol fırsatları bulacağını ve en azından içlerinden birini gole çevirebileceğini biliyordu.

Peki o gün neden bugün olmasındı? Neden ligin en tepesindeki Brann'e karşı olmasındı? Gol atmak için mükemmel bir fırsattı bu maç.

Oyuna ilk on birde başlıyor olmasına rağmen Erling, Ole'nin kendisine yedek kulübesinde oturduğu zamanlar için verdiği tavsiyeye uymaya devam etti. Böylece ilk birkaç dakikayı rakip oyuncuları izleyerek, stoperler arasında koşup rakiplerinin hız ve güçlerini test ederek geçirdi.

"Erling!" diye bağırdı Fredrik Aursnes arkasından koşarak. "Bu takımla daha önce oynadık," dedi. "Kalecileri, defansın arkasını toplamak için erkenden kalesini terk eder. Eğer havadan bir pas atabilirsek ve sen oraya doğru koşabilirsen gol için bir şansın olur!"

İlk yarının daha sadece dört dakikası geçmişti ki Aursnes haklı çıktı. Tepeden bir top gelince Aursnes de onu yönlendirmek için zıpladı. Top havada ilerlemeye başlar başlamaz Erling harekete geçmişti bile. Ofsayta düşmemek için bekliyor ama defans oyuncularından da kaçınıyordu.

Erling, kalecinin yerini terk ettiğini çoktan görmüştü ve onu aşacağını biliyordu. Hem kaleciden hem de defans oyuncularından çok daha hızlıydı. Sağ ayağıyla topa ilk dokunduğunda kaleciyi aşıp ceza sahasının sağına doğru geçti.

Kalenin nerede olduğuna bakmasına bile gerek yoktu. Hemen sol ayağıyla şut çekti ve topu ağlara yolladı.

Az sayıdaki Molde taraftarı, takımlarının oyuna golle başlamasını alkışlarken ev sahibi taraftarlar da şaşkınlıktan sessizliğe gömülmüştü. Erling, gol sevinci sırasında Fredrik Aursnes'i buldu.

"Güzel ipucuydu, Fred!" diye bağırdı.

"Söylemiştim ama sana, değil mi?" dedi Fredrik yüzünde kocaman bir sırıtışla.

Maç başlayalı sadece dört dakika olmasına karşın Molde şimdiden ligin liderine karşı bir sıfır öndeydi.

Ama daha da önemlisi, Erling gol açlığına son vermiş ve henüz yapacaklarını bitirmemişti.

Bu maçta daha fazla gol atabileceğini hissedebiliyordu.

Top şimdi Brann'deydi ve artık maçta hâkimiyet kurmaya başlamışlardı. Erling sonraki on dakikanın çoğunu sahanın diğer ucundan maçı izleyerek geçirse de hiç endişeli değildi. Eğer takım arkadaşları topu ona hızlı bir şekilde ulaştırmayı başarabilirse skorda bir fark yaratabileceğini biliyordu. Maçta ara ara boşluklar oluştuğunu çoktan fark etmişti.

Eirik Hestad tam da bunu yaptı, uzun bir pasla topu öne doğru döndürünce Erling de peşinden koştu; oraya ilk varan oyuncu oydu ve kendisini sadece bir kişilik Brann defansıyla karşı karşıya buldu. Topu, oyuncunun bir tarafından geçirip kendisi de akıllıca bir hamleyle öte tarafından geçti ve topu yeniden ayağına aldı.

Artık kale tam karşısındaydı ve onu durdurmalarına imkân yoktu. Büyük bir kuvvetle topu, yerinden çıkan kalecinin bacak arasından ağlara yolladı.

Daha 15 dakika olmasına rağmen Molde 2-0 öndeydi!

"Bu dâhiyane bir vuruştu, Erling!" diye bağırdı Eirik takım arkadaşına yetiştiğinde. "O hamleyi nasıl yaptığına dair hiçbir fikrim yok!"

"Benim de," dedi Erling omuz silkip gülerek. "Asist için de teşekkürler ayrıca."

Birkaç dakika sonra Erling bir sonraki fırsatını yakalamıştı bile. Defansın dikkatsizliği topun sekmesine neden olunca arkasında Erling'in koşabileceği büyük bir boşluk bıraktı ve o da hemen topun peşinden koşuverdi.

Kaleci bir kez daha koşarak yerinden çıkınca Erling bu sefer de ona göre çok hızlı olduğundan sol ayağıyla topu kalecinin etrafından geçirdi ve ardından yine sol ayağıyla topa vurup boş ağların arkasına yuvarlanışını izledi.

Erling dönüp taraftarlara doğru koştu. Nasıl sevineceğini bilemez bir hâldeydi âdeta. Takıma girmek için bunca süre bekleyip mücadele ettikten ve uzun zamandır gol atmakta zorlandıktan sonra ligin liderlerine karşı hat-trick yapmıştı. Hem de bu herhangi bir hat-trick de değildi. Üç golü peş peşe sadece 15 dakikada atmıştı.

Gol sevincine katılırken, "Bu hızla devam edersen bugün 10 tane atarsın!" dedi Fredrik Aursnes gülerek.

"Daha çok süremiz var," diye hatırlattı Erling. "Gollerimizin kokusunu almalarını istemeyiz."

Beş dakika sonra Eirik Hestad'e ceza sahası içinde faul yapılınca Molde de penaltı kazandı.

"Ben atacağım!" diye bağırdı Erling topu kaparak. Henüz genç bir oyuncu olmasına rağmen sergilediği performansı gören hiç kimse ona itiraz edecek değildi.

Erling derin nefes alarak topun önünde durdu. Sonra ileri atılıp topa geldiğinde biraz duraksadı ve topu filenin dibine yuvarlayıverdi.

Ligin liderlerine karşı galibiyetleri kesinleştirmişti ama Erling için her şeyden ötesi, bu maç onu Norveç'te meşhur edecekti.

Yarın herkes onun adını yani yirmi dakikada dört gol atan çocuğun adını öğrenecekti.

"Zlatan Ibrahimovic benim için futbolcuların en büyüğüdür. Bir İskandinavyalı olarak birinin ondan bu görevi devralması gerekiyor."

9

AVRUPA'NIN TADI

Ağustos 2018, Aker Stadion, Molde, Norveç
Molde FK-Hibernian FC

Ole maçtan önce oyuncularına, "Bu sadece elemelerin üçüncü turu çocuklar," dedi. "Bunu atlatırsak grup aşamasından sadece birkaç galibiyet uzakta olacağız ve karşımıza Arsenal ya da Chelsea gibi takımlar çıkacak!"

Erling çocukluğunu, televizyonda Ronaldinho, Messi ve Cristiano Ronaldo gibi oyuncuların Şampiyonlar Ligi maçlarındaki oyunu domine eden performanslarını izleyerek geçirmişti. İzlemesi en keyif ve heyecan veren oyuncular onlardı ve daha da önemlisi çok maç kazanmışlardı. O günden bu yana Erling, Avrupa'nın her yerindeki en iyilerin de iyilerine karşı oynayacağı bu şampiyonada yer almak için âdeta can atıyordu.

Ve henüz hiç Şampiyonlar Ligi'nde oynamamasına

rağmen –bu sadece Avrupa Ligi'ydi– yine de çok heyecanlıydı. Bu gece Avrupa'da çıkacağı üçüncü maçı vardı ve ilk UEFA golünü son eleme turunda KF Laçi'ye karşı kazandıkları penaltıyla bulmuştu bile.

Bu gece de aktif oyun sırasında ilk golünü atmaya çok ama çok hevesliydi.

Molde'nin İskoç takımı Hibernian ile zorlu bir mücadele sonucu 0-0 berabere kaldığı ilk maçı kaçırmıştı. Molde bugün kazanırsa yerini sağlama alacaktı ancak bu hiç de kolay olmayacaktı. Hibs'in deplasmanda atacağı bir gol onları öne geçirirdi.

"Bugünkü maçta da dört gol daha atabilirsen çok iyi olurdu Erling!" dedi Eirik Hestad maç için ısınırlarken.

"Elimden geleni yaparım," diye sırıttı Erling. Hiç de şaka yapıyor sayılmazdı. Hibernian gibi bir takıma olsa da Avrupa Ligi'nde dört gol atmak onun ismini kesinlikle Avrupa'ya duyururdu. Hem bu, o kadar da zor görünmüyordu. İlk maçta Hibernian'ın defansını iyi takip etmişti; burada atabileceği goller olduğunu biliyordu.

İlk golünü 35 dakika sonra bulmuştu bile. Kaptan Ruben Gabrielsen tarafından falsolu bir serbest vuruş kaleye doğru yöneldi. Barajda birkaç kişilik Hibs defansı olunca topun kaleye girmeyeceğinden korkan Erling topla birlikte ileri atılıp topu filenin arkasına yolladı.

"Kusura bakmayın!" dedi Erling kaptanına bağırarak. "Gol olacağından emin olmak zorundaydım!"

Avrupa Ligi'ndeki penaltı dışında ilk golüydü bu ama niyeti böyle bir gol atmak değildi. Bu gol onu manşetlere taşımazdı. Onu Avrupa'nın en iyi oyuncularıyla aynı kefeye koyacak türden bir gol değildi.

Erling, Molde'nin ikinci golüne de dâhil oldu. Topu driplingle çıkarıp boş filelere gönderen Fredrik Aursnes'e yollayıp bir de asist yapmıştı.

"Bana verdiğin ilk asist oldu bu," diye güldü Aursnes.

"Gol atacağından epey emindim," diye takıldı Erling. "Sen bile böyle net bir golü kaçıramazdın!"

Molde ekibi artık neşeli bir ruh hâlindeydi ve Erling de bunun merkezindeydi. Normalde maçların çoğunu sağ veya sol kanatlarında geçirir, topu sadece ileri çıktığında alırdı. Ama bu gece Molde'nin yaptığı her şeye dâhil oluyordu. Sahaya paslar yağdırıyor, defans oyuncularını aşıyor ve ceza sahasına ortalar yolluyordu. Şu an ihtiyacı olan tek şey başka bir goldü.

Maçın bitmesine on dakika kala aradığını buldu. Magnus Wolff Eikrem'in şutu defanstan sekerek havalandı. İlk tepki veren de Erling oldu. Topu kontrol edip kaleciyi aşarak onu ağlara yolladı.

Molde artık 3-0 öndeydi; Avrupa Ligi ön elemelerinin bir sonraki turuna çıkıyordu. Yaptıkları her iyi şeyin merkezindeyse Erling vardı.

Artık bir forvetten çok daha fazlasıydı o, takımın şans tılsımı olmuştu ve Avrupa'da gollerine gol katmak için sabırsızlanıyordu.

10

YENİ UFUKLAR

Ağustos 2018, Erling'in Evi, Molde, Norveç

"Harikaydın Erling!" dedi Alf-Inge oğlunu kucaklarken geniş bir gülümsemeyle.

"Umarım turnuvada biraz daha ilerleyebiliriz baba," dedi Erling. "Grup aşamasına geçmeyi çok istiyorum."

"Eh, bunu biraz askıya almamız gerekebilir," diye ekledi babası yüzünde buruk bir gülümsemeyle.

Yüzündeki ifade Erling'e Molde ve Ole Gunnar Solskjær'in ilgisinden bahsettiği zamankinin aynısıydı.

"Ne oldu baba?" diye sordu Erling doğrularak.

"Şey, şöyle ki sana gelen birkaç teklif var."

Erling yaz transfer döneminin başladığının farkındaydı ve bir kulağı da internette dolaşan transfer söylentilerindeydi. Brann'e karşı attığı gollerin onu kamuoyuna duyurduğunu biliyordu ama gerçekten de bunun altından bir sonuç çıkmasını beklemiyordu. Ne de olsa Molde'de yalnızca bir tam sezon geçirmişti. Büyük bir hamle yapabilmek için kesinlikle yeterli bir süre değildi ama yoksa yanılıyor muydu?

"Eski kulübüm Leeds'ten bir teklif aldık," diye devam etti Alf-Inge. "Avusturya'daki Red Bull Salzburg'dan da."

Erling tereddüt etti. Uzun zamandır hayali, tıpkı babası gibi bir gün İngiltere'ye gidip oynamaktı. Leeds, Premier Lig'de olmayabilirdi ama en azından İngiltere'deydi. Üstelik babası da yıllar önce orada oynamıştı.

"Ne düşünüyorsun Erling?" diye sordu babası sessizliği bozarak.

"Emin değilim," diye yanıtladı Erling. "Aslında Leeds'te oynamak istiyorum ama bu doğru gelmiyor. Sanki daha çok erken."

Babası başıyla onayladı. "Normalde Leeds'e gitmeni çok isterdim ama... Salzburg'da lig şampiyonluğu kazanma şansına ve muhtemelen Şampiyonlar Ligi'nde oynama şansına sahip olacaksın ve Avrupa çapında pek çok kulüple bağlantıları var."

Erling, babasının haklı olduğunu biliyordu. Sadio Mané gibi futbolcuların Salzburg'da geliştiğini ve Avrupa'da önemli kariyerlere sahip olduklarını da. Ne heyecan verici ne de duygusal bir seçimdi bu ama yine de mantıklı olandı. En azından doğru olduğunu biliyordu.

Transfer, 2018 yazında kararlaştırıldı ancak Erling,

2019 Ocak ayına kadar Red Bull Salzburg'a katılamadı.

Aslında bu onun işine gelmişti. O zamana kadar Norveç sezonu çoktan sona erdiğinden Erling'in her hafta maç oynama baskısı olmadan Avusturya'daki yeni hayatına uyum sağlamak için yeterince zamanı oldu.

Oldukça soğuk bir ocak sabahında Erling, Salzburg'daki ilk antrenmanına çıktı. Soğuk aşina olduğu bir his olsa da bu antrenman Norveç'te alışkın olduğunun tam tersiydi.

"Enerji, çocuklar! Kapatın onu! Bastırın!" diye bağırdı Salzburg teknik direktörü Marco Rose. Salzburg, diğer birçok takımdan daha agresif savunma yapıyordu.

"Benim takımımda oynamak istiyorsan çok çalışman gerekecek," dedi Rose antrenman sırasında Erling'e. "Top sana doğru geldiğinde ona olan açlığını göster. Harekete geçmeye hazır olmalısın!"

Antrenman sonunda oynanan maçtaki oyun hızı, Erling'in daha önce oynadığı tüm maçlardan daha yüksekti. Top birkaç kez yanından geçip gitti ve o kendisini sahada neredeyse amaçsızca koşup gölgeleri kovalarken buldu. Topla temas edebilmesi beş dakikasını buldu ve Stefan Lainer hemen müdahale etti. Avusturyalı oyuncu topu kolaylıkla kazandı ve hızla yanından uzaklaşıverdi.

Erling her zaman güçlü bir oyuncu olmuştu ama topla bu şekilde yenilmeye hiç alışkın değildi. Uğramış olduğu hayal kırıklığına rağmen ayağa kalktığında yine de yüzünde bir gülümseme vardı.

Doğru yerde olduğunu biliyordu. Burada daha iyi bir futbolcu olacaktı.

11

DOĞRU SEÇİM

Mayıs 2019, Red Bull Arena, Salzburg, Avusturya
FC Red Bull Salzburg-LASK

"Şampiyonluk cepte, çocuklar," dedi Marco Rose oyuncularına. "Fakat LASK hâlâ bizim rakibimiz. O yüzden hadi sahaya çıkalım ve onlara neden Avusturya'nın en iyi takımı olduğumuzu gösterelim!"

Yeni takımıyla aylarca antrenman yaptıktan ve birkaç maça da yedekten girdikten sonra Erling henüz hiçbir maça ilk on birde başlamamıştı.

Ancak bugün, lig şampiyonluğu neredeyse kesinleşmişken patron, LASK'a karşı kendi sahalarında oynadığı bu maçta genç oyuncularından bazılarına kendisini etkileme şansı veriyordu.

Erling, Salzburg'un 4-4-2'sinde Norveçli arkadaşı Fredrik Gulbrandsen ile önde başlayacaktı. "Gerilmeye gerek yok, tamam mı Erling?" diye mırıldandı Gulbrandsen sahaya çıktıklarında. "Bugün kaybedecek hiçbir şeyimiz yok! Oynadığımız oyundan keyif alalım ve birkaç da gol atalım!"

"Ben gergin değilim," diye güldü Erling. Yeni takım arkadaşını etkilemeye çalışmıyordu zaten, sadece kendini gergin hissetmiyordu. Heyecanlıydı evet; sahaya çıkıp gol atmak, kendini en iyiler karşısında test etmek istiyordu. Ve LASK, Avusturya'nın en iyilerinden biriydi. İlk 10 dakika boyunca LASK, kalitesini gösterdi. Arka üçlüsü deneyimli, güçlü ve iyi organize olabilen bir ekipti. Erling ile fiziksel olarak sürekli rekabet ettiler ve ona topu kontrol edip dönebileceği çok az alan bıraktılar.

Ardından savunmacı Patrick Farkas topu alırken Erling de aradığı fırsatı buldu.

"Pat! Yukarıdan yolla!" diye bağırdı ofsayta düşmemek için kavisli bir şekilde koşarak.

Pas mükemmeldi ve kaleci dışarı çıkarken Erling de önünde boşluklar buldu. Düşünmesine gerek bile yoktu, topa değer değmez vurdu. En temiz şutu değildi; tam olarak hedeflediği gibi de değildi ama yeterliydi. Sonuçta gol olmuştu.

Erling'in Red Bull Salzburg için attığı ilk goldü bu ve bunu daha da harika kılan şey, maça ilk on birde ilk çıkışında atmış olmasıydı.

Arkasındaki takım arkadaşlarıyla gol sevinci içerisinde koşarken ve Red Bull Arena'daki ev sahibi taraftarların hepsi birden adını haykırırken geçen yıl aldığı kararı düşünmeden edemedi.

Salzburg mu yoksa Leeds mi?

Ama şimdi doğru kararı verdiğini biliyordu.

12

3 x 3

Mayıs 2019, Lublin Stadyumu, Lublin, Polonya
Norveç U20-Honduras U20

"Bugün büyük bir galibiyet alırsak eleme gruplarından çıkma şansımız olur!" Norveç U20 teknik direktörü Pål Arne Johansen, oyuncularının önünde durmuş, onları gaza getirmeye çalışıyordu.

Norveç, 25 yılı aşkın süredir ilk kez U20 Dünya Kupası'na katılmaya hak kazanmıştı ancak şu ana kadarki oynadıkları oyun büyük bir hayal kırıklığıydı. İlk iki maçlarını Yeni Zelanda ve Uruguay'a karşı kaybetmişlerdi ki bu da son 16'ya kalmak istiyorlarsa bugün iyi bir sonuç almaları gerektiği anlamına geliyordu.

Erling, U20 Dünya Kupası'nda oynamak istediğine emin değildi. Çünkü bu, Avusturya liginin sonunu kaçırması anlamına geliyordu ve sakatlanırsa Salzburg'daki yerini koruyamayacağından dolayı da endişeliydi.

Gitmesi gerektiğine onu ikna eden babasının sözleri olmuştu.

"Ülkesinden çok kulübüne öncelik veren oyunculardan biri mi olmak istiyorsun?" diye sormuştu.

"Ama bu yalnızca 20 yaş altı..." diye söze başladı Erling.

"Ama Norveç. Sence Ronaldo, Real Madrid'i mi yoksa Portekiz'i mi tercih ederdi? Peki ya Messi, Barcelona'yı mı yoksa Arjantin'i mi seçerdi?"

Erling omuz silkti.

"Her ikisi için de oynuyorlar, hem de ellerinden gelenin en iyisini," diye devam etti babası. "Dünyanın en iyilerinden biri olmak istiyor musun? Kulübün için de ülken için de yüzde yüz çaba göstermeye istekli olmalısın. Eğer şimdi bu turnuvadan vazgeçersen kariyerinin geri kalanının gidişatını belirlemiş olacaksın."

Erling başta babasının biraz sert davrandığını düşündü ama belki de haklıydı. Ne de olsa Erling'in amacı her zaman dünya futbolunun en iyilerinden biri olmaktı; kulüp futbolunun en iyilerinden biri olmak değil.

Bunu aklına yazarak Norveç'in U20 takımına katılma davetini kabul etmişti. Ve işte buradaydı, sıcak bir yaz gününde Polonya'da, Honduras'a karşı oynayacakları maç için sıraya giriyordu.

Kanat oyuncusu Jens Petter Hauge sıraya girerken Erling'e, "Bugün birkaç tane gol atabiliriz," dedi.

"Sen sadece topu yolla, ben de golleri atayım," diye yanıtladı Erling.

Honduras şu ana kadar gruptaki en kötü takımdı ve Norveçliler farklı bir skorla elemelerden çıkmak için ihtiyaç duydukları golleri atabileceklerinden eminlerdi. Erling, Norveç'in ilk iki maçında gol atamadığından bu maçta iz bırakmaya bilhassa hevesliydi.

Burada olduğuna göre bu turnuvayı boşa harcamamaya da kararlıydı. Bu da gol atması anlamına geliyordu.

İlki sadece yedi dakika sonra geldi. Hauge topu ceza sahasına attı ve Honduras kalecisi bocalarken Erling'e topu filenin arkasına yollamak gibi çok basit bir görev düştü.

"Sana söylemiştim!" diye haykırdı Erling. "Sen sadece topu yolla, gerisini ben hallederim!"

"Bütün işi ben yaptım!" diye itiraz etti Hauge. "Sen hiçbir şey yapmadın ki!"

Erling'in ikinci golü 20 dakika içinde geldi. Tobias Børkeeiet'ten harika bir pas, Erling'in ayaklarının ucuna geliverdi. O da topu sürüp Honduras kalecisinin bacakları arasından sert ve alçak bir şekilde kaleye yolladı.

Daha 10 dakika olmamıştı ki Erling hat-trick yapmıştı bile. Ceza sahasında aldığı bir pasın ardından kaleci tarafından düşürülünce net bir penaltı pozisyonu kazandılar ve onu atacak tek bir kişi vardı.

Erling topun başına geçti ve topu dikkatlice alt filelere yolladı.

"Bu hızla devam edersen on tane daha atabilirsin!" diye kükredi Hauge golü kutlarken.

Hauge şaka yapıyordu ama Erling bir şeyler olacağını hissedebiliyordu. Bugün sahada değişik bir atmosfer vardı.

Artık gollerin tadını almıştı ve durmaya da niyeti yoktu.

İlk yarıdan hemen önce dördüncü golünü –Norveç'in beşincisini– attı ve bir kez daha ona asisti yapan Hauge oldu. Erling'e bir pas vermiş, o da topu kontrol edip sekmesine izin verdikten sonra üst köşeye çakmıştı.

İlk yarıda Norveç 5-0 öndeydi ve Erling bunlardan dördünü atmıştı.

Jens Petter Hauge ikinci yarının başlarında bir gol bulsa da Erling bir kez daha kontrolü ele aldı.

Üçüncü kez Hauge ona asist yapmıştı. Kanat oyuncusu, ceza sahasına fırlayan Erling'e topu fırlattı. Defanslardan kurtuldu ve topu sert bir şekilde kalecinin bacak arasından ağlara sürdü.

Şimdi beş golü olmuştu!

Gol sevinci sırasında Leo Østigård, "Sakin ol Erling," dedi. "Maçı kazandığımızı düşünüyorum."

"Daha atacak çok golüm var," diye homurdandı o da.

Maçın bitimine 23 dakika kala Erling altıncı golünü bulmuştu. Kristian Thorstvedt topu ceza sahasına doğru sert bir şekilde yollamış ve Erling de ayağını topun etrafına dolayıp bir şekilde kaleye yönlendirmeyi başarmıştı.

"Buna ne demeli?" diye sordu Kristian Thorstvedt. "Çifte hat-trick mi?"

Erling omuz silkti. Daha gençken tek bir maçta beş altı gol attığı olurdu ama bu gerçek bir maçtı ve büyük bir turnuvadaydılar. Bu tarz maçlarda böyle şeyler olmazdı.

Ve maçın bitmesine daha 20 dakika vardı.

On dakika sonra Erling yedincisini de ekledi. Håkon Evjen'den harika bir orta, ayağının dibine indi ve o da kaleciyi geçerek topu kaleye yolladı.

Erling yumruğunu sıktı ve stadyumdaki küçük Norveçli taraftar grubuna sırıttı. Hepsi de adını haykırıyor ve onu alkışlıyorlardı.

"Gol atmayı bıraksan iyi olur, Erling," diye güldü Hauge. "Daha nasıl sevinebiliriz bilmiyoruz!"

Eman Markovic, Norveç adına onuncu golü ekledi ve ardından Erling tekrar devreye girdi.

Bitime iki dakika kala Håkon Evjen'den pası alıp ceza sahasına daldı ve kaleciyi geçerek şutunu çekti. Ardından tam 90. dakikada Jens Petter Hauge'un ayaklarından topu kaptığı gibi filelere fırlattı.

"O golü atmama izin verebilirdin!" dedi takım arkadaşı başını sallayarak. "Zaten sekiz golün var. Bir tane daha atmak için topu ayağımdan kapacak kadar çaresizdin yani, öyle mi?"

"Fırsatı görünce dayanamadım," diye güldü Erling.

Eh, nihayetinde bu doğruydu. Erling ceza sahasına girer girmez aklındaki tek şey topu olabildiğince çabuk ağlara atmak olurdu. Başka hiçbir şeyin önemi yoktu.

Norveç'in averajla gruptan çıkıp çıkmadığını bilmiyorlardı ancak bu 12-0'lık galibiyet onlara harika bir şans vermişti.

Peki ya Erling ne yapmıştı?

Tek bir maçta ülkesi için dokuz gol atmıştı. Üç kez hat-trick. Tek bir maçta atılan bu gol sayısını tarif edecek bir terim bile yoktu.

Erling sahadan çıkarken Norveç ekip çalışanlarından biri telefonunu Erling'in yüzüne doğru sallayarak ona doğru koştu.

"Şimdiden viral oldun!" diye bağırdı. "Herkes Erling Haaland'dan bahsediyor!"

“Başardığım her şey için çok mutluyum ama hiçbiri takım arkadaşlarım olmadan olmazdı.”

13

GOL MAKİNESİ

Ağustos 2019, Red Bull Arena, Salzburg, Avusturya
FC Red Bull Salzburg-Wolfsberger AC

Erling takım arkadaşı ve arkadaşı Dominik Szoboszlai'ye, "Umarım beni ilk on bire alır," dedi. Erling ve genç Macar oyuncu, kariyerlerinde benzer bir aşamada olduklarından kısa sürede arkadaş olmuşlardı.

İkili antrenman sahasında hep sona kalır; atış talimlerinde yarışıp yeni numaralarını birbirlerine gösterirlerdi. Dominik bu tip yetenekler konusunda hep daha başarılı olsa da iş şut çekmeye gelince Erling'in yanına bile yanaşamazdı.

Dominik, geçen yıl Salzburg'un en çok gol atan oyuncusu Mu'nas Dabbur'dan bahsederek, "Söylentiye göre Mu'nas, Sevilla'ya gidiyormuş," dedi. "Demem o ki yeni ve büyük bir forvetle sözleşme imzalamadığımız sürece rakibin yok."

Salzburg'un transfer dönemindeki tek anlaşmaları gidenlerdi. İlk olarak teknik direktör Marco Rose, Bundesliga'dan Borussia Mönchengladbach'a katılmak için ayrılmıştı ve Avrupa'daki çeşitli kulüplere giden Dabbur, Stefan Lainer, Hannes Wolf ve Xaver Schlager de onu takip etmişti.

Erling bir sabah antrenman sahası kafesinde, "Haberlere her baktığımda bir oyuncumuzu daha kaybediyoruz," dedi Dominik'e.

"Aslında bu iyi bir şey!"

Erling şaşırmıştı. "Ne demek istiyorsun?"

"Bu, ilk on birde şans bulabileceğimiz anlamına geliyor. Demek ki buna hazır olduğumuzu düşünüyorlar!" dedi Dominik sandalyesinde öne doğru eğilerek.

Erling'in U20 Dünya Kupası'ndaki maceraları Norveç'le sınırlı kalmamıştı. Avrupa'nın her yanında insanlar tek bir maçta dokuz gol atan çocuktan bahsediyordu.

O uluslararası sansasyon yaratmış bir oyuncuydu artık.

Red Bull Salzburg'a döndüğünde yenilenmiş bir öz güvene sahipti. Doğru yerde olduğundan emindi ve etrafındaki koçlardan ve oyunculardan bir şeyler öğrendiğine mutluydu. Bu yüzden önceki sezonda yalnızca iki kez forma giymiş olması onu rahatsız etmiyordu. Ama artık ilk on bire çıkmaya hazır olduğunu hissediyordu.

Yine de Salzburg'un yeni bir forvet getirebileceğine dair endişesi de sürüyordu. Buranın kendisi için doğru yer olduğuna en başından beri emin olsa da o zamanlar güvendiği teknik direktörü kulüpten ayrılmıştı. Leeds'e dönmek için çok geç olup olmadığını merak etmeye başlamıştı Erling.

Ama endişelenmesine hiç gerek yoktu. Sezonun ilk üç maçına Avusturya Kupası'ndaki bir hat-trick de dâhil, dört gol atarak başladı. Üstelik yeni bir forvetin gelmeyeceği de açıktı. Erling artık Salzburg'un esas adamıydı.

Bugün sezonun dördüncü maçı ve ilk gerçek sınavına çıkacaklardı. Wolfsberger, ligin zirvesine oynayabilecek kaliteye sahip çok iyi bir takımdı. Yeni ve genç Salzburg takımının onların temposuna ilk çıkışları olacaktı bu.

Yeni teknik direktör Jesse Marsch, maç başlamadan önce Erling'i kenara çekti.

Tipik Amerikan coşkusuyla konuşarak, "Oradaki esas adamım sensin, Erling," dedi. "Sen benim sahadaki golcümsün. Takıma örnek ol, tamam mı?"

Marsch bir an duraksayıp ekledi: "Gollerle, çeşitli numaralarla ve şutlarla örnek ol demek istemedim. Seni farklı kılan karakterindir; o kazanma hırsın, isteğin. Bu yüzden defanslarını zorla, onlara baskı yap, olabildiğince kızdır onları ve bu sırada takımı da peşinden sürükle."

Bütün kariyerini şekillendiren o tanıdık odaklanma ve öz güven duygusuyla başını salladı Erling.

Takımının en genç oyuncularından biri olmasına rağmen kendini bir lider gibi hissediyordu. İlk on bir tecrübesi kendi yaşındaki diğer oyunculardan daha fazlaydı, bu yüzden Salzburg on dakika içinde 1-0 geriye düştüğünde tüm futbolcuların çözüm için baktığı tek kişi de Erling oldu.

"80 dakika kaldı çocuklar!" diye kükredi. "Bir gol atarsak parçalanacaklar ve sonra beş tane atacağız! Aynen böyle devam edin!"

Birkaç dakika sonra durumu eşitleyecek bir şans geldi. Patson Daka, André Ramalho'nun ortasını vurdu. Erling, topu yakın mesafeden kaleye yollamak için uzak direkte, tam da doğru yerdeydi.

"Evet, işte bu!" diye bağırdı Erling kollarını sallayıp takım arkadaşlarına haykırarak. Bu maçı kazanacaklarını biliyordu. Artık onlar da biliyorlardı.

Salzburg devre arasında rakibin kendi kalesine attığı golle 2-1 öndeydi ancak bunun sonucu garantilemek için yeterli olmayacağının farkındaydılar. Marsch, oyunu bitirmek için üçüncü golü arayarak takımını ikinci yarıya yüksek bir enerjiyle gönderdi.

Aradıkları fırsatı bir kontratakla yakaladılar. Hwang

Hee-chan topu bir defans oyuncusuna doğru sürerek koşuyordu. Erling, inanılmaz bir hızla hemen arkasındaydı. Hwang topu geri alıp yolladı ama topu alacak başka kimse yoktu.

"Erling'e!" diye bağırdı topu alıp kalecinin yanından sol ayakla ağlara yollarken.

Bu gol, artık Erling'in imzası hâline gelmişti: Topu almak için sahanın kendi tarafından hızla depara çıkıp ardından sert, alçak bir şut çekmek. Durdurulması epey zordu. Erling, harekete geçti mi dünyada onu yakalayabilecek hiçbir defans oyuncusu olmadığını biliyordu.

Sonra Wolfsberger bir gol atarak skoru 3-2 yaptı ve aniden Salzburg üzerinde bir baskı oluştu. 3-1'de ayaklarını gazdan çekmişlerdi ama şimdi Erling yine pedala olabildiğince sert basıyordu.

Topu orta saha çizgisinden alıp bir defans oyuncusunu yere indirdi ve ardından diğerinin savunmasını atlatarak geçti. Sonra Hwang Hee-Chan'a harika bir pas vererek başka bir yeteneğini sergiledi.

Ve şimdi koşma zamanıydı. Hwang'ın üzerine üşüşen defans oyuncularını da geçti.

"Hwang! Şimdi!" diye bağırdı bir kez daha.

Basit bir pastı bu; gol vuruşu ondan da basitti. Bu sezonki ikinci hat-trick'ini yapmıştı.

"Ne olur bir kere de bir veya iki gol atsan?" dedi Dominik gülerek.

"Biri beni durdurana kadar gol atmaya devam edeceğim," diye kıkırdadı Erling.

Şimdiye kadar bunu kimse yapamamıştı.

14

VİKİNG GURURU

Eylül 2019, Ullevaal Stadion, Oslo, Norveç
Euro 2020 Elemeleri, Norveç-Malta

"Sana söylemiştim! U20'ler için oynarsan gerisi gelir demiştim. Değil mi?"

"Evet, sanırım dedin baba," diye itiraf etti Erling.

"Norveç'teki ilk millî takıma çıkışımı hatırlıyorum. Senden daha büyüktüm ama Norveç'in en üst liginde bile oynamamıştım henüz. Kimse emin olamıyordu benden ama sonra Dünya Kupası kadrosuna girdim!"

"Biliyorum baba," diye yanıtladı Erling.

1994 Dünya Kupası hakkında öyle çok şey dinlemişti ki. Norveç'in Dünya Kupası'na katılmaya hak kazandığı tek sefer bu değildi ama babasına kalırsa o öyle gibi davranıyordu.

Erling, ağustos ayı bitmeden koleksiyonuna Salzburg için dört gol daha ekledi ve ay sonu geldiğinde gol krallığı zirvesine net bir şekilde oturdu.

Ama onun için asıl haber bu değildi. Asıl haber bu gece Oslo'daydı. Bu gece Norveç millî takımı için ilk maçına çıkacaktı.

Norveç teknik direktörü Lars Lagerbäck'in Malta ve İsveç'e karşı Euro 2020 elemelerindeki 23 kişilik kadrosunda Erling'i istediği haberini veren, eski U20 teknik direktörü Pål Arne Johansen'di.

Erling için ülkesi adına oynamak bir onurdu ve bu haberi verdiği ilk kişi, kendisinden daha da heyecanlanacağını bildiği tek kişi olan babasıydı.

"Bu harika, Erling!" diye bağırdı Alf-Inge heyecanla telefonda. "Canla başla çabaladığına emin ol," diye de ekledi. "Böylesine büyük bir turnuvada ülken adına oynamanın nasıl bir his olduğunu... tarif edemem. Bunu mutlaka tecrübe etmelisin."

"Edeceğim baba," diye söz verdi Erling.

Zaten yüzde yüzünden daha azını vermek onun doğasında yoktu. Rehavete kapılmanın nasıl bir şey olduğunu bile bilmiyordu. U20 Dünya Kupası'nda sekiz gol attıktan ve takımı 11-0 öndeyken dahi hâlen daha fazlası için zorlama ihtiyacı hissettiğinde bunu kanıtlamıştı zaten.

Onun için futbol bu demekti.

Lagerbäck, Norveç'in Malta'ya karşı oynadığı maçın ilk 11'inde Josh King ve Martin Ødegaard ile birlikte

Erling'i de çıkardı. Teknik olarak Malta, Norveç'in eleme grubundaki İspanya gibi diğer bazı ülke takımlarından daha kolay bir rakipti.

Takımlar ısınırken teknik direktör Erling'i kenara çekti.

"Bu gece skor tabelasına adını yazdırman için harika bir fırsat. Martin harika bir oyuncu, sen de öylesin. Doğru hareketleri yaptığında gol seni bulacaktır. Sadece gole dönüşecek dokunuşları yapmalısın."

Oyuncular sıraya girip stadyumdaki 28.000 Norveçliyle hep bir ağızdan millî marşı söylerken aniden ülkesi için oynamanın neden böylesine özel olduğunu anladı Erling.

Ancak maç hayal kırıklığıyla başlamıştı. Oyun, Erling'in Salzburg'da alışkın olduğundan çok daha yavaş bir tempoda oynandı ve kendisini defalarca orta saha oyuncuları tarafından karşılık bulmayan koşular yaparken buldu.

67. dakikada oyundan alındı ve yedek kulübesine yığıldığında gol atamadığı için kendine, takımına ve ülkesi için oynamanın harika olduğu konusunda ısrar eden babasına epey kızgın bir hâldeydi. İlk millî maçında hayalini kurduğu hat-trick bu değildi.

Norveç maçı 2-0 kazandı ama Erling yine de mutlu değildi. Maçtan sonra soyunma odasına gelen teknik direktörü, Erling'in öfkesini fark edip yanına oturdu.

"Kızgınsın, değil mi?" diye sordu cevap beklemeden. "Anlıyorum. Uluslararası futbola alışmak biraz zaman alır. Muhtemelen beklediğinden çok daha yavaştı oyun. Ama daha iyi hissetmeni sağlayacaksa ben iyi oynadığını düşünüyorum. Hepimiz öyle."

"Gol atamadım ama," diye yanıtladı Erling.

"Olay her zaman gol atmak değildir," diye devam etti Lagerbäck. "Ve güven bana evlat, istediğin hızı yakalayacak ve yıllarca Norveç adına goller atacaksın."

Bir an durup tekrar sahaya baktı.

"Hatta işin aslı, tüm rekorlarımızı kıracağını düşünüyorum."

15

GERİ DÖNÜŞ YOK

Ekim 2019, Anfield, Liverpool, İngiltere
Liverpool-FC Red Bull Salzburg

"Bunu kaçırmak istemiyorum ama başlayabileceğimi de sanmıyorum," diye itiraf etti Erling.

"Böyle söylemen çok dürüstçe, Erling," diye yanıtladı Jesse Marsch. Buna gerçekten de şaşırmıştı. Erling'in güdüsü ve kararlılığına sahip bir oyuncu normalde böylesine büyük bir maçta takımın zararına bile olsa oynamak için her şeyi yapar.

Normalde bu tür oyuncular kendilerini ön planda tutarlardı.

Ama Erling işte bunun gibi küçük sürprizlerle doluydu. Gol atma arzusuna rağmen diğer oyuncuların penaltıları kullanmasına izin vermekten de fazlasıyla mutluydu. Ona golü attıran oyuncuyla beraber gol sevincini yaşar ve o futbolcunun da takdir aldığından emin olurdu.

Marsch bunu Erling'le ilk tanıştığında anlamıştı. Bu Norveçli genç hırslı, üretken bir golcü olduğu kadar özverili bir liderdi de.

"Bak ne diyeceğim, Erling," dedi Marsch. "Bu maç yedek kulübesinde otur. Belki böylece son yarım saat oynayabilirsin ha? Bunu yapabilir misin sence?"

"Hafta sonundaki maçı kaçırabilirim o zaman," diye yanıtladı Erling.

"Hafta sonu için endişelenme," diye kıkırdadı Marsch. "Anfield'dan bahsediyoruz. Orada oynama şansını elbette hak ediyorsun."

Erling, Salzburg'a bir sakatlıkla dönmüştü. Artık 19 yaşında uluslararası bir oyuncuydu ve Salzburg Avusturya Şampiyonu olduğu için Şampiyonlar Ligi'nde de oynuyordu. Çocukluğundan beri hayalini kurduğu Avrupa'nın en büyük sahnesine çıkmayı başarmıştı. Üstelik sadece Şampiyonlar Ligi maçlarında oynamıyor, onlarda bir de goller atıyordu.

Avusturya Bundesliga'da TSV Hartberg'e ve Şampiyonlar Ligi'nde Genk'e karşı arka arkaya yaptığı hat-trick'lerle millî maç nedeniyle verdiği arayı kapadı.

Ama önünde hâlâ büyük bir maç vardı. Takımların belli olduğu o ana kadar Salzburg'daki herkesin hazırlandığı büyük bir maçtı bu; Liverpool maçı.

Avrupa'nın şu anki şampiyonları –ve muhtemelen

şu anda dünyanın en iyi takımı- Salzburg'un Şampiyonlar Ligi grubundaydı.

Bir sonraki maçları Anfield'da Liverpool deplasmanındaydı. Ve Erling sakattı.

Antrenman sahasında ısınırlarken, "Bunu kaçıramam," demişti Erling, Dominik'e. Anfield'da Liverpool'a karşı oynamasına hiçbir şey engel olamayacaktı.

Ama bunu söylerken bile zorlandığını hissedebiliyordu. Sahada güçlükle koşarken Virgil van Dijk'i geçebilmesinin imkânı yoktu. Eğer oynarsa takım için sadece engel olurdu.

Ve şimdi tam da Marsch'ın teklif ettiği gibi maça yedek kulübesinde başlıyordu.

Anfield, konuk ettiği takımlar açısından en korkutucu sahalardan biri olarak tüm Avrupa'da nam salmıştı. Taraftarları tutkularıyla ve çok ses çıkarmalarıyla bilinirdi; onlar tezahürata başladığında kendi düşüncelerinizi bile duyamazdınız.

Yine de bu gece Erling gürültüden etkilenmediğini fark etti. Bunu bir nebze bile korkutucu bulmamıştı. İşin aslı köşedeki Salzburg taraftarının sesini Liverpool kalabalığından daha fazla duyabiliyordu.

Erling, bankta yanında oturan Patrick Farkas'a doğru eğildi.

"Bence burada kazanabiliriz," diye mırıldandı.

Ancak Liverpool gol attığında cümlesini daha bitirmemişti bile. Anfield coşkun bir gürültüyle dolunca Erling aniden herkesin bu stat hakkında ne demek istediğini anladı. Kalabalığın gürültüsünden Farkas'ın yanıtı bile duymamıştı.

Liverpool artık öndeydi; yetmezmiş gibi Andy Robertson sayesinde de hızla ikinci golü eklediler. Salzburg iz bırakmadan batıyor gibiydi. Liverpool'un başka bir şampiyonluk için ettiği o amansız mücadelede yalnızca bir kurbandan ibaretti sanki.

Hwang Hee-chan golü bulmadan önce Mo Salah üçüncüyü de ekledi. Devre arasında Salzburg 3-1 gerideydi.

Soyunma odasında Dominik Szoboszlai, "Sana orada ihtiyacımız var Erling," dedi. "Arkalarında boşluklar bırakıyorlar; oradan gol atabilirsin, bundan eminim."

"Yakında maça gireceğim," diye yanıtladı. Geçen hafta başına bela olan sakatlık, Liverpool'a gelişinden bu yana yok olmuş gibiydi. Şimdi tek istediği o sahaya çıkmaktı.

İkinci yarının on dakikasında Minamino, Salzburg adına bir gol daha attı. Ardından, Marsch neredeyse aynı anda Haaland'a dönüp hazırlanmasını işaret etti.

"Maç kazanman için seni bekliyor Erling," dedi. "Savunmaya geçtiler. Olabileceğin en büyük sahnedesin; buraya ait olduğunu herkese kanıtla."

Erling şansını yakaladığında daha sadece birkaç dakikadır sahadaydı. Minamino ceza sahasına atlayarak van Dijk'in dikkatini çekti. Erling, ceza sahasına gelecek olan her topun kendisine ait olacağını bilerek arka direkte bekliyordu.

Minamino'nun pası mükemmeldi. Önünde birkaç metrelik boşluk bulan Erling, golü atmakta hiç sorun yaşamadı; koca sezon bundan daha kolay bir gol atmamıştı. 3-3 olmuştu şimdi skor.

Salzburg taraftarlarının olduğu yere koşarak kutlamak için kollarını havada salladı.

"Hadi şimdi bu maçı kazanalım!" diye bağırdı Marsch sahaya.

Ardından 10 dakika sonra Salah, Liverpool'u tekrar öne geçirdi. Salzburg tüm enerjisini maçı 3-3'e getirmek için kullanmıştı. Tükenmişlerdi ve takımdan geriye hiçbir şey kalmamıştı.

Kâğıt üzerinde 4-3'lük bir mağlubiyet çok kötü bir sonuç sayılmazdı ama olduğundan çok daha kötü hissettiriyordu. Erling sahadan güçlükle çıkarken doğruca Jürgen Klopp ile karşılaştı.

Klopp parlak bakışlarla, "Sen harika bir oyuncusun evlat," dedi. "Seni Liverpool'a alamayacağımızdan emin misin?"

"Belki bir gün," diye yanıtladı Erling. Pek muhabbet havasında değildi.

Ne var ki eve dönüş uçağında pencereden dışarı

bakarken Klopp'un ona söylediklerini düşündü. Artık gerçeklerden kaçamazdı. Büyük sahneye çıkmıştı ve buradan geri dönüş yoktu.

16

VALİZİNİ TOPLA

Ocak 2020, Erling'in Evi, Salzburg, Avusturya

"Serbest kalma bedelin olduğunu biliyorsun, değil mi?" dedi Alf-Inge oğluna.

Erling omuz silkti. "Sanırım öyle ama ben o tür şeyleri pek umursamam."

"Eh, umursamak zorundasın ama," diye devam etti Alf-Inge. "Yaklaşık 20 milyon; yani herhangi bir takım seni isterse bunu ödemek zorunda kalacak."

2019'un sonunda Erling, Salzburg için sadece 22 maçta 28 gol atmıştı. Şampiyonadaki ilk beş maçında gol atan en genç oyuncu da dâhil olmak üzere bir dizi Şampiyonlar Ligi rekorunu kırmıştı bile.

Basındaki transfer söylentilerini her zaman takip ederdi ve genellikle alçakgönüllü olmaya çalışsa da anladığı kadarıyla ve insanların hakkında dediği şeyler düşünüldüğünde 20 milyon oldukça düşük bir rakam olarak görünüyordu.

"Peki, kim öder sence bu rakamı?" diye sordu Erling babasına.

"Şey, demek istediğim... Gitmek zorunda değilsin. Salzburg'da o kadar uzun süredir bulunmuyorsun, biraz daha kalmak iyi olabilir."

"Man United'a gideceğimden dolayı endişeleniyorsun sadece!" dedi Erling gülerek. Eski bir City oyuncusu olan babasının rakip takıma gitmesinden hoşlanmayacağını çok iyi biliyordu.

"Şu ana kadar sadece Borussia Dortmund sağlam bir teklifte bulundu," dedi Alf-Inge bu düşüncenin havada kalmasına izin vererek.

Erling tereddüt etti.

Borussia Dortmund. Bir Man U ya da Juventus sayılmazdı ama yine de devasa bir kulüptü. Daha da iyisi, genç oyuncuları, özellikle de forvetleri geliştirme konusunda bir üne sahipti. Robert Lewandowski, Pierre-Emerick Aubameyang ve Marco Reus, hepsi de Dortmund'da oynarken dünya çapında yıldızlara dönüşmüşlerdi.

Kolay bir karar olacaktı bu.

Ocak ayı transfer dönemi başladıktan sadece birkaç gün sonra Erling, Almanya'ya gitmek için valizlerini toplamaya başlamıştı bile.

17

ESAS GOLCÜ

Şubat 2020, Signal Iduna Park, Dortmund, Almanya
Şampiyonlar Ligi, Borussia Dortmund-PSG

"Bu senin turnuvan evlat. Bunu biz de biliyoruz, onlar da," dedi Borussia Dortmund'un teknik direktörü Lucien Favre, Erling'e. "Sana daha fazla ne yapabileceğini söylemek istemiyorum. Sancho, Hazard, Reyna ve Witsel koşularını izliyor olacak."

Erling, hafif bir sakatlık geçirmesine rağmen ilk üç Dortmund maçında yedi gol atarak Almanya'daki hayatına anında uyum sağladı. Dortmund, ligde Bayern Münih'in hemen peşindeydi ama bu gece dikkatleri farklı bir rekabete, Erling'in çok sevdiği Şampiyonlar Ligi'ne çevrilmişti.

Rakipleri Fransız devi PSG idi.

Bu maç Salzburg'da yaşadığı her şeyden çok farklıydı. Avusturyalı ekip, Anfield'a gittiğinde kaybedecek hiçbir şeyi olmayan zayıf bir rakipti. Ancak burada, Dortmund'da bir beklenti vardı. PSG gibi bir takıma karşı bile ellerinden geleni yapmaları konusunda üzerlerinde epey baskı vardı.

Erling, Anfield'daki atmosferin korkutucu olduğunu zannetse de esas Dortmund bambaşka bir atmosfere sahipti. O ünlü 'sarı duvar', stadyumun etrafında yankılanan devasa gürültü kakofonisiyle âdeta bir bayrak ve pankart denizine benziyordu. Taraftarların sevdiği akşamlardandı bu akşam.

"Burada PSG oyuncusu olmak istemezdim," dedi Jadon Sancho.

"Nasılsın Erling?" diye sordu Polonyalı sağ bek Łukasz Piszczek elini omuzuna koyarak. "Senin için büyük bir gece olmalı bu."

"Evet, çok iyiyim. Sadece bir an önce sahaya çıkmak istiyorum."

Erling doğru söylüyordu; kendini iyi hissediyordu. Buradaki atmosfer onda fazladan bir enerji patlaması sağlamıştı. En sevdiği maçlardı bunlar.

Aslında her futbolcunun hayatında bir kez olsun tecrübe etmek istediği anlardı bunlar. Zira PSG süper yıldızlarla doluydu; Kylian Mbappé, Neymar, Ángel di María, Thiago Silva... Erling'in kendi adını onlarınkinin yanına yazdırması ve kendisini dünya futbolunun geri kalanına ciddi manada duyurması için hakiki bir fırsattı bu.

Dortmund maça iyi başlayarak Sancho ve Erling'le birkaç gol şansı buldu ancak Norveçli golcü şutunu ancak yan ağlara yollayabildi.

Devre arası olduğunda skor hâlâ 0-0 olsa da Dortmund soyunma odasındaki atmosfer çok daha olumluydu.

"Senin hızına yetişemezler," dedi Erling, Jadon'a. "Sen içeri girdiğinde ben hemen yanında olacağım. Beni bulursan golü atarım."

İkinci yarının başlamasından yirmi beş dakika sonra o an geldi. Hakimi'nin ortası Raphaël Guerreiro tarafından kaleye doğru yollandı. Ancak Erling'e doğru fırlayan top daha havadayken ani bir dönüşle onun tarafından kapıldı ve sağ ayağıyla topu filelere yollamayı başardı.

Olası bir ofsayt ve VAR incelemesinden endişelenerek yan hakeme bir bakış atsa da yine de golü kutlamaya karar verdi. Dortmund taraftarları sevinçle havaya sıçrarken onlara doğru koştu.

Meditasyon yaparmışçasına bağdaş kurarak yere oturdu; bu, artık onunla özdeşleşmiş olan gol sevinciydi.

"Aferin, oğlum!" diye kükredi Guerreiro yüzüne.

Kısa bir VAR kontrolünden sonra gol geçerli sayıldı ve Dortmund 1-0 öne geçti. Gollerine gol katmaya kararlıydılar ancak PSG'nin de boş durmaya hiç niyeti yoktu.

Mbappé, Neymar'a nefis bir orta açtı ve o da topu kale çizgisinden geçirerek Parisliler için skoru eşitledi. Artık gol çeşmesini açmışlardı.

Erling homurdanıp gözlerini kıstı. Maçtan önce basına yansıyan tüm haberlerde Haaland ile Mbappé kıyaslanıyordu ve o da bu düellodan galip olarak ayrılmayı çok ama çok istiyordu.

PSG'nin beraberlik golünün üzerinden yalnızca birkaç dakika geçmişti ki Erling fırsatını yakaladı. Gio Reyna driplingin ardından pasını Erling'in ayaklarına yolladı. O da topu tek hamleyle kontrol edip sol ayağıyla vurdu.

İzleyenler için bu, akıl ermez bir şut gibi görünebilirdi ama Erling ne yaptığını çok iyi biliyordu. Kalecinin çaresizce atlayışını alt ederek mükemmel bir şekilde topu üst köşeye saplandı. Bu golde VAR kontrolüne bile gerek yoktu. Tartışmaya kapalı bir goldü.

Takım arkadaşlarının sevinçle hücumuna uğrayan Erling, yere yığılınca karanlık gökyüzünü seyre daldı. Kalabalığın kulakları sağır eden sesini iliklerinde hissediyordu resmen. Hepsi tek yürek olmuş, "HAALAND!" diye haykırıyordu.

Dortmund galibiyet adına savaşmaktan asla vazgeçmemiş ve rövanş maçı için büyük bir avantaj kazanmıştı.

"Haaland mı Mbappé mi? Yeni Messi mi Ronaldo mu tartışması bu olacak sanırım," dedi Axel Witsel, Erling'e.

"Yani..." dedi Erling gülüp ev sahibini alkışlarken. Bu karşılaştırma hakkında ne söyleyeceğini bilemiyordu.

"Eh, bu akşamki düelloyu kimin kazandığını kesinlikle biliyoruz!" diye araya girdi Guerreiro. "Maçın esas golcüsü Haaland!"

"En iyisi olmak için
çok çalışacağım."

18

ULUSLARARASI AMA ZAYIF RAKİP

Eylül 2020, Windsor Park, Belfast, Kuzey İrlanda
Kuzey İrlanda-Norveç

"Maça tam da daha yeni başlamıştık," diye mesaj attı Jadon, Erling'e. "Böyle olmamalıydı, dostum. Bayern'e nefes bile aldırmıyorduk!"

Erling de ona katılıyordu. Dortmund'un genç ve bir o kadar da dinamik bir takımı vardı; eğer takımı bir arada ve formda tutmayı başarabilselerdi bu yıl şampiyonluğu kazanabileceklerini düşünmüştü.

Şampiyonlar Ligi rövanş maçında PSG'ye yenilmişlerdi ve şampiyonluk yarışında Bayern'in birkaç puan gerisinde kamışlardı. Erling'in Almanya'daki ilk sezonu kupasız bitecek gibi görünüyordu.

Ne var ki COVID-19 salgını futbol sezonunu kısa kestiğinde başlattıkları o ivmeleri de durmuştu. Sezon yeniden başladığında şampiyonluk mücadelesi için önceki formunu yakalayamamıştı Dortmund.

Yeni sezon Eylül ayının sonuna kadar başlamasa da uluslararası fikstürler çoktan gelmişti. Erling henüz ülkesi için gol atamamıştı ama bunu değiştirmeyi kafasına koymuştu. Norveç iyi bir takım kurmuştu ve büyük bir turnuvaya katılmak için gerçek bir fırsat geçmişti ellerine.

Avusturya'ya karşı aldığı mağlubiyetin ardından Norveç, Avrupa Şampiyonası'na katılmaya son bir şans daha kazanmak için Kuzey İrlanda'yla oynamaya Belfast'a gitti. Maç UEFA Uluslar Ligi fikstürüyle ayarlanmıştı ancak grubu birinci olarak bitirirlerse Norveç'e bir sonraki Avrupa Kupaları'na hak kazanmak için gerçek bir şans verilmiş olacaktı.

Erling'e önde Bundesliga'dan forvet arkadaşı Alexander Sørloth da katılacaktı.

"Almanya'daki en iyi iki forvete sahibiz, Alex," dedi Erling. "Bize pozisyon yaratırlarsa gol de atarız."

"Kendini bu fikre bu kadar kaptırma," diye hatırlattı Sørloth ona. "Unutma; en iyi takımlar her zaman savunma üzerine kuruludur."

"Kuzey İrlanda'yı durdurma işini Ajer, Hovland ve Thorsby'ye bırak; biz de öbür uçtaki işi halledelim," diye yanıtladı Erling, Norveç'in bazı önemli savunma oyuncularının isimlerini sayarak. Bu akşamki maç hakkında iyi hissediyordu. Avusturya'da kulüp bazında birtakım kupalar kazanmış bir futbolcu olarak bunu uluslararası sahneye taşımaya da hevesliydi.

"Bu akşam bu turnuva için oldukça ciddi olduğumuzu ortaya koyabiliriz, çocuklar!" dedi Lars Lagerbäck takımına. "Norveç'in bu şansı yabana atmadığını tüm dünyaya gösterebiliriz!"

İki dakika içinde Mohamed Elyounoussi, Stefan Johansen'in harika pasından voleyle topu ağlara yolladığında Norveç liderliği ele geçirdi.

"İkinizin Almanya'daki en iyi forvetler olduğunuzu sanıyordum," diye takıldı Mohamed. "Ama nedense tüm işi ben yapıyorum!"

"Bize biraz zaman ver!" dedi Sørloth gülerek.

"Eh, ben hepimizin eşit olduğunu düşünüyorum!" dedi Erling sırıtarak.

Kuzey İrlanda sadece beş dakika sonra durumu eşitledi ve Norveç'in üzerindeki baskı bir kez daha arttı.

Ancak bir dakika sonra yine öndeydiler. Sørloth'un yolladığı uzun pas Erling'in ayağına doğru sekti. Topu ceza sahasının kenarından aldığı gibi onu sol köşeye yarı voleyle yollamak için vücudunu döndürdü.

"İşte bu!" diye haykırdı Erling. İki maçta, Norveç adına hiç gol atamamaktan birden iki gol atmaya geçmişti.

20 dakika içinde Norveç üçüncü golünü de attı. Bu kez, mükemmel bir ortanın ardından topu arka direğe

yollayan Sørloth oldu. Norveç sadece kazanmakla kalmıyor, maça âdeta hükmediyordu.

Norveç, ikinci yarının ilk saniyelerinde dördüncü golü de buldu. Erling, Kuzey İrlanda savunmasını geride bırakıp topu kolaylıkla kontrol ederek ceza sahasına girdi. Şimdi kaleciyle karşı karşıya kalmıştı ve kısa bir anlığına golü nasıl atacağını düşündü. Ama sonra göz ucuyla Sørloth'un koşusunu gördü ve forvet arkadaşının pas için bağırdığını duydu.

Özverili bir tavırla topu boş ağlara yollaması için takım arkadaşına geri kaydırdı.

"Bunun için teşekkürler Erling!" dedi Sørloth, birlikte golü kutlarken. "Sanırım şimdi de benim sana bir gol attırmamı isteyeceksin."

"Eh, her şeyi ben yapamam!" diye kıkırdadı Erling.

Şimdiye kadar sadece bir gol atmasına rağmen Erling çok mutluydu. Norveç bir takım olarak iyi çalışıyordu ve Avrupa'daki herhangi bir takımla rekabet edebileceklerini herkese gösteriyorlardı. Ki zaten kendilerini göstermek için bu sahadaydılar.

On dakika sonra Erling ikinci golü de buldu. Elabdellaoui'den gelen bir kafa vuruşu onu bulduğunda bu sefer hiç şüphesi yoktu zira pas vermesi imkânsıza yakındı. Vücudunu açarak topu üst köşeye sert bir şekilde yolladı.

Norveç artık 5-1 öndeydi ve Erling'in iki golü vardı!

Koronavirüs salgını nedeniyle stadyumda hiç taraftar yoktu ancak olsaydı bile Erling, Kuzey İrlandalı taraftarların skor tabelası karşısında sessiz kalacaklarını ve varlıklarının pek de bir fark yaratmayacağını düşündü.

Bitiş düdüğü çaldığında Lagerbäck, Erling'i yakalayarak, "Böyle oynamaya devam et evlat, hem kulübün hem de ülken adına çok iyi işler başaracaksın," dedi.

19

GOL MAKİNELERİNİN ÇARPIŞMASI

Mart 2021, Allianz Arena, Münih, Almanya
Bayern Münih-Borussia Dortmund

"Sezona iyi başlamadık çocuklar ama bunu tersine çevirebiliriz," dedi yeni teknik direktör Edin Terzić. "Şampiyonlar Ligi'ne katılma şansımız hâlâ var ve kupalarda başarılı olursak bu yılı bir kupa ile bitirebiliriz!"

Dortmund için hayal kırıklığı yaratan bir sezon olmuştu. Kulübün bir araya getirdiği kadro, umdukları kadar güçlü bir performans sergileyememişti. Sakatlıklar da eksik olmuyordu ve sonra da yeni yıldan önce yönetimde birtakım değişiklikler oldu ve teknik direktörlük Favre'dan yardımcısı Edin Terzić'e geçti.

Terzić, Favre'ın Dortmund teknik direktörü olarak geçirdiği süreyi tamamlamasının ardından takıma âdeta taze bir soluk gibi geldi. Oyuncularla daha yakındı; taktiklerle ve sahada sonuç almakla daha az ilgileniyordu. Tıpkı daha gençken hepsinin yaptığı gibi futbol oynarken eğlenmeye odaklanmıştı.

Terzić her zaman, "Sonuçlar bu işin getirisidir," derdi. Ve oyuncular da ona inanıyordu.

Erling'in kendisi de harika bir formdaydı. Sezonun büyük bir bölümünde sakatlıklarla boğuşmuştu ama sahalara döndüğü andan beridir goller atıyordu. Hertha Berlin'e karşı dört, Leipzig'e iki ve Gladbach'a iki gol atmıştı.

Hızla kendi kişisel rekabeti hâline getirdiği Şampiyonlar Ligi'nin grup aşamasında da altı gol atarak bu ivmesini sürdürdü.

"Altın Ayakkabı için Lewandowski ile başa baş gidiyorsun!" dedi Jadon Sancho, her iki oyuncu da o hafta aynı sayıda gol attıktan sonra.

Görünen buydu ama Erling'e göre o her gol attığında Robert Lewandowski sanki üç gol daha atıyordu. Ona yetişmek imkânsız gibi bir şeydi.

Ama bir sonraki maç bunu değiştirecekti. İki futbolcu, devlerin mücadelesinde, yani Bayern-Dortmund maçında karşı karşıya gelecekti: Lewandowski-Haaland'a karşı.

Bayern bir kez daha şampiyonluğa koşarken Dortmund altıncı sırada ve Şampiyonlar Ligi elemelerine hâlâ birkaç puan uzaklıktaydı.

"Onlar bunu hiç beklemiyorken bu, Bayern'i yenmek için iyi bir zaman," dedi Terzić maçtan önce oyuncularına. Koronavirüs pandemisi nedeniyle tribünler hâlâ boştu, bu nedenle Dortmund, Münih'te Bayern ile oynuyor olsa da işi zorlaştıracak düşmanca bir taraftar kalabalığı olmayacaktı.

"Lewandowski'den bir tane de olsa daha fazla gol atmak istediğini biliyorum. Değil mi?" dedi Reus, soyunma odasından çıkarken Erling'e.

"Sadece kazanmak istiyorum," diye yanıtladı Erling kısaca.

"Beni kandıramazsın Erling," diye yanıtladı Reus. "Onu yenmeyi istediğini biliyorum, en iyi forvet olduğunu kanıtlamak istiyorsun."

"Pekâlâ, belki ikisini birden yapabilirim," diye sırıttı Erling.

Dortmund, Axel Witsel'in savuşturulan şutu, ceza sahası kenarındaki Erling'e doğru yön değiştirdiğinde iki dakika içerisinde ilk gol şansını elde etti. Topu ayağından çıkarmak için bir dokunuş yaptıktan sonra seçeneklerini değerlendirdi Erling. Thorgan Hazard, soluna doğru koşuyordu ama Belçikalının önündeki alan epey kalabalıktı.

Tek bir seçenek vardı. Şut çekmek.

Sol ayağıyla topa sertçe vurdu ve kaleye doğru büyük bir çabayla topu yolladı. Boateng'in kramponunun altından fırlayan top havaya uçtu ve Manuel Neuer'in topa atlayışını alt etti.

Erling, boş tribünlerin önünde dizleri üzerinde kayarak gol sevincini yaşadı.

"1-0, Erling, Lewandowski'ye karşı!" diye haykırdı Reus kutlarken.

"1-0, Dortmund, Bayern'e karşı!" diye hatırlattı Erling.

Almanya'nın kalanına Dortmund'un hâlâ hesaba katılması gereken bir güç olduğu mesajını da veriyorlardı.

Birkaç dakika sonra Dortmund tekrar ileri çıktı. Guerreiro, Thorgan Hazard'a harika bir pas attı ve Erling onları hızla takip etti.

"Thorgan! Bana yolla!" diye kükredi Erling, stadyumda sesi yankılanarak. Belçikalı kanat oyuncusu pasını anında verdiğinde Erling doğru noktadaydı ve böylece topu filelerin arkasına yolladı.

"2-0!" diye bağırdı Reus. "Evet!"

"Haydi! Şimdi birkaç gol daha bulmanın tam zamanı!" diye seslendi Erling ona.

Ancak Bayern bu skoru mücadele etmeden kabul etmeyecekti. Kırmızılar hücuma başladı ve Erling, onlar Dortmund kalesini şutlarla doldururken ancak sahanın diğer ucundan olan biteni izleyebildi.

25 dakika sonra Lewandowski bir gol attı ve ilk yarının bitmesinden hemen önce durumu eşitleyecek bir penaltıyı gole çevirdi. Maç artık Erling ve Lewandowski'nin golleriyle 2-2 idi.

"Ben ne yaparsam yapayım bana yetişiyor," diye mırıldandı Erling.

Bir saat sonra sakatlanması sonucunda topallamak zorunda kalan Erling'in gecesi daha da kötüleşti. Bayern, maçı geç gelen bir golle kazanırken o da kenardan izlemek zorunda kaldı.

Ve dakikalar sonra Lewandowski hat-trick yaparken de skor dörde ulaştı.

"Bu sondu," diye bir kez daha kendi kendine mırıldandı Erling. "Bir dahakine onu yeneceğim."

DORTMUND
9
HAALAND
adidas

20

KUPA FİNALİ

Mayıs 2021, Olympiastadion,
Berlin, Almanya DFB-Pokal Finali,
RB Leipzig-Borussia Dortmund

"Burada olmayı hak ettiniz çocuklar," dedi Terzić yaklaşıp her bir oyuncusuna bakarak. "Finale ulaşmak harika bir başarı ama göreviniz henüz sona ermiş değil. Kupanın üzerine daha elimizi bile koyamadık."

Erling, teknik direktörünün sözlerini düşünerek sessizce oturdu. Tüm sezon boyunca sanki ilk defa neredeyse herkes formundaydı. Erling, Jadon Sancho, Marco Reus, Mats Hummels, Jude Bellingham. En güçlü kadroları buydu.

"Leipzig'in neler yapabileceğini biliyoruz," diye devam etti Terzić. "Fena takım değiller ama biz daha iyiyiz. Eğer mücadele edersek bu onlara sorun çıkarır ve maçı kazanırız!"

Oyuncularını harekete geçirmek için kollarını kaldırdı ki buna zahmet etmesine dahi gerek yoktu; odadaki her oyuncu çoktan buna hazırdı. Erling, Avusturya'da zaten kupalar kazanmıştı ancak Dortmund'daki takım arkadaşlarının çoğu için büyük bir kupa kazanmanın ilk fırsatıydı bu.

"Salzburg'dayken Leipzig takımından bazılarını tanımış olmalısın, Erling," dedi Marco Reus ona dönerek. "Ve Sørloth da Norveçli. Herhangi bir tüyon var mı?"

"Dürüst olmak gerekirse bunun için endişelenmeye gerek yok," dedi Erling. "Biz oyunumuzu oynayalım, böylece onların ne yaptığı da önemli olmaz. Beni ve Jadon'u durdurabileceklerini sanmıyorum."

"Doğru cevap," dedi Reus gülümseyerek.

Erling, Reus'la konuşurken şaka yapmıyordu. Kendisinin ve Jadon Sancho'nun müthiş formda olduğunu biliyordu. Eğer pozisyon bulurlarsa onları durdurmak çok zor olurdu. Dortmund, son birkaç yılda hem Leipzig hem de Bayern karşısında ikinci sırada yer almıştı. Bu gece alacakları büyük bir galibiyet, Almanya'nın geri kalanına bir kez daha o mesajı gönderirdi.

Ayrıca koleksiyonuna bir kupa daha ekleyecekti ve Avusturya'da kazandığı kupaların aksine bu sefer kazanan takımın büyük bir parçası olmuştu.

Birkaç dakika sonra boş stadyumdaki ürkütücü atmosferi hissederek sahaya çıktılar. Erling hâlâ seyircisiz oynamaya alışamamıştı ve bunun gibi devasa bir stadyumda bu daha da belirginleşiyordu.

"Erken bir gol bulalım," dedi Sancho, Erling'e aklını okuyarak. "Kendi atmosferimizi yaratalım!" İkili, Dortmund'un hücumunda verimli bir ortaklık kurmuşlardı ve birlikte çok iyi anlaşıyorlardı.

Beş dakika içinde Sancho istediğini almıştı. Erling topu Sancho'ya bırakan Mahmoud Dahoud'a yolladı. Kanat oyuncusu, sağ ayağının içiyle topa vurmadan önce sert ve hızlı bir dokunuş yaparak topu uzak köşedeki filelere yolladı.

GOL!

"Evet! Jadon!" diye kükredi Erling takım arkadaşının peşinden koşarak. Final maçı için rüya gibi bir başlangıçtı ve Leipzig'i de büyük bir şoka uğratmışlardı. 20 dakika boyunca topu Dortmund'dan alamasalar da sarı-siyahlılar, ikinci golü bulmak için başka fırsat bulamadı.

Erling, kaptanı Marco Reus'a, "Topu bana verin, gol atayım" dedi. Ole Gunnar Solksjær'in Molde'de kendisine verdiği tavsiyeye uyan Erling, maçın ilk dakikalarında Leipzig'in stoperlerini incelemişti. Onları geride bırakabileceğini biliyordu, sadece bunu gösterme fırsatına ihtiyacı vardı. Topa dokunmaya ihtiyacı vardı.

Dakikalar sonra şans ayağına geldi. Reus orta sahada topu kazandı ve anında Erling'in ayağına yolladı. Leipzigli stoper Upamecano tarafından takip edilerek kaleye doğru koşmaya başlayan Erling gücünü kullanarak stopere doğru eğilip onu atlattı ve kendine biraz boşluk yarattı. Bu boşlukla topu sol ayağına alarak kalenin köşesine ayağının yanıyla gönderdi.

2-0!

Artık Erling'in de golü vardı; hem de kupa finalinde atılmış bir gol! Şimdiye kadarki en önemli golü bu olabilirdi.

Erling'in alt ettiği stoperi işaret ederek, "Upamecano'yu bertaraf ettin Erling!" dedi Sancho gülerek.

"Kimse benimle golüm arasına giremez," diye yanıtladı Erling.

İlk yarının bitiminden hemen önce Reus ileri doğru atılarak topu Sancho'ya attı. Kaleciyi geçmesi çok kolay olmuştu. Dortmund şimdi 3-0 öndeydi. Sadece kupayı kazanmakla kalmıyor, birlikte havalanıyorlardı!

Erling devre arasında Jadon'a, "Sanırım şimdi de bir hat-trick isteyeceksin," dedi.

"Endişelenme, hâlâ bana pas vermeni beklemiyorum," diye cevapladı göz kırparak.

İkinci yarı olaysız geçti ta ki Dani Olmo uzak mesafeden nefis bir vuruş yaparak skoru 3-1 yapana dek. Aniden Leipzig hareketlendi ve baskı altındaki takım unvanı Dortmund'a geçmiş oldu.

"Buraya kadar gelmişken bunu kaybetmeyelim!" diye bağırdı Erling. "Yeni bir golle zaferimizi mühürleyelim!"

Erling hiçbir zaman bir futbol maçında galibiyeti bekleyen kişi olmamıştı. Her zaman gol atmaya devam etmekti niyeti.

Ancak Leipzig başka bir gol için bastırırken Dortmundlu oyuncuların kaçabileceği çok yer vardı.

Kısa süre sonra topu geri kazandılar, ileriye doğru uzun bir pas oynayıp sağ kanatta Jadon Sancho topun peşinde koştu. Leipzig yarı sahasında Dortmund, ikiye karşı üç kişiydi.

"Evet Jadon!" diye seslendi Erling.

Hat-trick yapmak üzere olmasına rağmen Jadon topu ceza sahası kenarındaki Erling'e verdi. Pas Norveçlinin biraz gerisinde kaldı; solunda sarı bir forma görüyordu ama yine de şut atmaya karar verdi.

Sol ayağını geri çekip kaleye doğru bir şut attı ve bunu yaparken kendi de kaydı. Top havaya fırladı ve yanından geçip kaleye girmesi konusunda hiçbir şey yapamayan kalecinin elinden kurtulup ağları buldu.

"Sanırım sen de şimdi bir hat-trick isteyeceksin!" dedi Jadon onu kutlarken.

"Hayır. Şimdi sadece kupayı istiyorum."

Dortmund şimdi 4-1 öndeydi ve maçı neticelendirmek üzereydi. Birkaç dakika sonra hakem son düdüğü çaldığında Erling sahaya yığıldı. İşte başarmışlardı!

Madalyayı boynuna asan Erling, sonunda ilk Dortmund kupasını alabilmişti.

"Pek çoklarının ilki," dedi Erling ona gülümseyerek cevap veren Jadon'a.

Erling, geleceğinin Dortmund'da mı yoksa başka bir yerde mi olduğunu bilmiyordu ama bunun kazanacağı son kupa olmayacağını kesinlikle biliyordu. Bir finalde gol atarak sahadan son çıkışı olmayacaktı bu.

Henüz 20 yaşındaydı ve kariyeri daha yeni başlıyordu. Daha şimdiden hayal edebileceğinden fazlasını başarmıştı.

Ama henüz işi bitmemişti. O, dünyanın en iyi oyuncusu olmak istiyordu.

Bu başarısı onu nereye götürecekti acaba?

21

CITY

Ekim 2022, Etihad Stadyumu, Manchester, İngiltere
Man City-Man United

"Ne olursa olsun City'yi seçecektin, değil mi?" dedi Erling'in babası Alf-Inge.

Sakatlıklarla dolu ve kupasız bir sezonun ardından Erling, Borussia Dortmund'daki seçeneklerini değerlendirmek zorunda kalmıştı. Sadece 30 maç oynamasına rağmen 29 gol atmış ve sezonu Avrupa'nın en çok gol atan oyuncularından biri olarak bitirmişti.

Ancak Dortmund, Bundesliga'daki temponun kilometrelerce gerisindeydi; Şampiyonlar Ligi ya da DFB Pokal kupalarının yanına bile yaklaşamıyordu.

Erling kariyerinde ilerlemek istiyor ve yeniden büyük ödüller için yarışmaya başlamak istiyorsa harekete geçme zamanının geldiğini biliyordu.

Dünyanın dört bir yanından takımlar onunla ilgileniyordu. Barcelona ile Real Madrid, tıpkı Bayern Münih gibi onunla ilgilendiklerini belirtmişlerdi. Ayrıca PSG, Manchester United, Liverpool, Chelsea ve Juventus'un da teklifler sunduğuna dair söylentiler vardı.

Ancak tüm bunlar arasında Erling'in kalbini verdiği tek bir kulüp vardı: Manchester City.

Son iki yıldır Premier Lig'in şampiyonuydu ve dünyanın en iyi antrenörlerinden biri olan Pep Guardiola tarafından çalıştırılıyordu ve belki de en önemlisi, babasının adını duyurduğu takımdı.

Üstelik kulübün efsanevi ismi Sergio Agüero'nun ayrılmasının ardından City'de bir forvet eksikti, bu yüzden zamanlama daha iyi olamazdı.

Erling için daha da iyisi, Pep'in, takımın artık onun etrafında kurulacağını açıkça belirtmiş olmasıydı. Pep, Erling'in onları Şampiyonlar Ligi şampiyonluğuna götürebileceğini düşündüğü adamdı ki bu, City'nin uzun süredir elinden kaçan bir unvandı.

Erling babasına, "City olmalıydı," dedi. "Sadece gönlümden geçen buydu."

"Konu senken Erling, bundan hiçbir şüphem olmayacak."

Alf-Inge, City'ye transferin işe yarayacağından emin olabilirdi ama Erling her zaman bu inancı paylaşmamıştı.

Sezonun ilk maçı, Manchester City'yi büyük rakipleri Liverpool ile karşı karşıya getiren Community Shield maçıydı.

Erling Haaland, Liverpool'un pahalı yeni forveti Darwin Núñez'e karşıydı ve daha ilk maçtan kaybetmeye başlamıştı. Liverpool'un Núñez'in golüyle 3-1 kazandığı maçta Erling basit bir gol kaçırmıştı.

Maçın hemen ardından tüm dikkatler onun üzerine yoğunlaştı. Yoksa para israfı mı olacaktı? Zira kendisini Premier Lig'e getirmek çok pahalıya mal olmuştu ve City de ona güveniyordu. Onları yüzüstü mü bırakacaktı?

Ancak bir hafta sonra ilk Premier Lig maçında Erling, West Ham'e karşı oynadığı futbolla tüm eleştirmenleri ve ondan şüphe eden herkesi susturdu. Bunu arka arkaya iki hat-trick ve Şampiyonlar Ligi'ndeki golleri takip etti. Ekim ayının başında, sadece 10 maçta 14 gol atmıştı.

Bir sonraki maç çok büyük bir maçtı; evinde Manchester United'ı ağırlayacaklardı.

"Eh, Premier Lig'de arka arkaya iki hat-trick yaptın," diye devam etti babası Alf-Inge. "Bugün de bir tane yaparsan her türlü rekoru kırarsın."

"Biz oyunu kazanmaya odaklanalım baba," diye yanıtladı Erling.

Sezona üretken başlamalarına rağmen City ligin zirvesinde değildi. Arsenal, Premier Lig sezonuna daha iyi bir formla başlamıştı ve şu anda birinci sırada onlar vardı.

Erling, İngiltere'ye çok gol atıp sezonu kupasız bitirmek için gelmemişti. Bu zaten tecrübe ettiği bir şeydi. Unvan istiyordu o, bir kupa istiyordu. Ve bugünkü galibiyetle bunu başlatacaktı.

United sezona pek iyi başlayamamıştı ama yine de bu yerel bir derbiydi. City rehavete kapılmayı göze alamazdı, hızlı bir şekilde başlamaları gerekecekti.

Ve tam da düşündükleri gibi yaptılar. Sekiz dakika içinde Phil Foden, David de Gea'yı geçerek City'yi öne geçirdi. United daha sonra bu fırtınayı atlatınca Erling de nadir ve uzak dokunuşlarla âdeta bir seyirciden farksız kalmıştı.

Ancak devre arasından kısa bir süre önce aradığı fırsat ayağına geldi.

Erling hava toplarında çok da başarılı değildi ancak top köşeden içeri doğru süzülürken United savunmasının epey üzerinde yükselerek kaleye doğru bir kafa vuruşu yaptı. Top, United savunmacılarından biri tarafından çizgiden çıkartıldığında Erling çoktan gol sevincini yaşamaya başlamıştı. Gol çizgisini geçtiğini biliyordu.

Dakikalar sonra teknoloji de onunla aynı fikirdeydi. Gol geçerliydi. Erling, o öğleden sonraki ilk golünde, sezonun 15. golünü de atmış oldu.

Devre arasına sadece 10 dakika kalmıştı, bu da Erling ve takım arkadaşlarının daha fazla gol atması için fazlasıyla yeterliydi.

Erling'in golünden sadece üç dakika sonra ceza sahasına hassas bir Kevin de Bruyne ortası geldi. Erling ona doğru uzandı ve sol bacağını uzatarak topa dokunup onu alt köşeye yönlendirdi.

Üç dakikada iki gol! Artık maçtan önce babasıyla şakalaştığı hat-trick'i yapmak üzereydi.

Yine de devre arasından bir dakika önce Erling asistçi rolüne döndü ve Phil Foden'ın bir şut atması için ceza sahası boyunca topu ona doğru kaydırdı.

"Artık ikimiz de hat-trick yapmalıyız Erling," dedi Phil. "Senden önce yapabilirim, biliyorsun!"

"Rüyanda görürsün," diye güldü Erling.

City 4-0 önde olsa da yine de maçı bırakmayı göze alamazlardı. İkinci yarıda çok geçmeden Antony misafir takım adına bir gol attı.

Yine de bir United geri dönüşünün sinyalini vermedi bu gol. Aksine seviyeyi artıran City olmuştu.

Phil Foden'ın takılmalarına rağmen hat-trick yapan ilk kişi Erling oldu. Sergio Gómez'in ortası geriye düşünce Erling sol ayağıyla kaleyi buldu. City için üçüncü hat-trick'i yani 8. maçında üçüncü Premier Lig hat-trick'i ve sezonun 17. golü gelmişti.

Phil'in kendisinin de hat-trick yaparak ona katılması uzun sürmedi. Asisti yapan yine Erling'di. Topu Foden'ın yoluna kaydırdı, o da bir dokunuşla üst köşeye yolladı.

United iki geç gol almayı başarsa da zaten olan olmuştu. City, United'ı 6-3 yendi.

Maçın sonunda Erling, Phil Foden'a maç topunu verdi. "Sen al, Phil," diye güldü. "Bende zaten yüz tane var."

Erling sahayı dolaşarak taraftarları alkışladı ve atmosferi içine çekti. Manchester City kariyerinin bu kadar iyi başlayacağını asla düşünmemişti.

Burada olmayı hayal dahi etmemişti. Bryne, Molde, Salzburg'da oynayan çocuktu o... Süslü bir akademiden gelmemişti. En iyileri tarafından çalıştırılmamıştı. Buraya gelmek için mücadele etmesi gerekmişti. Ve şimdi de bunu başarmıştı.

Premier Lig'in en önemli forvetiydi. Henüz sezonun başlarında olmalarına rağmen daha şimdiden Altın Ayakkabı'nın favorisiydi.

Ne var ki Erling bundan daha fazlasını istiyordu. Lig şampiyonlukları, rekorlar istiyordu o; hepsini istiyordu.

Ve sadece 22 yaşında, tüm kariyeri daha önünde uzanırken daha yeni başladığını biliyordu.

ETIHAD
AIRWAYS

İSTATİSTİKLER

KULÜP BAŞARILARI

Red Bull Salzburg

- 2018-19, 2019-20 Avusturya Bundesliga Şampiyonluğu
- 2018-19 Avusturya Kupası Şampiyonu

Borussia Dortmund

- 2020-21 DFB-Pokal Şampiyonu

MİLLÎ TAKIM BAŞARILARI

- 2016 Syrenka Kupası

BİREYSEL BAŞARILAR

2018

- Eliteserien Yılın En İyi Çıkış Yapan Futbolcusu

2019

- Avusturya Yılın Futbolcusu
- Avusturya Bundesliga Yılın Oyuncusu

İSTATİSTİKLER

- FIFA U20 Dünya Kupası Altın Ayakkabı
- UEFA Şampiyonlar Ligi Yılın Çıkışı
- VDV Bundesliga Yılın Takımı

2020

- Bundesliga Yılın Oyuncusu
- Bundesliga Ayın Oyuncusu (Ocak, Kasım)
- Bundesliga Ayın Yıldızı Parlayan (Ocak, Şubat)
- Bundesliga Yılın Takımı
- Altın Çocuk
- Gullballen
- Kniksen's Onu Ödülü
- Norveç Yılın Futbolcusu
- UEFA Yılın İlk 11'i
- UEFA Yılın Forveti
- UEFA Yılın Gol Kralı
- UEFA Uluslar Ligi Gol Kralı

2021

- Norveç Yılın Futbolcusu
- Bundesliga Ayın Oyuncusu (Nisan, Ağustos)
- Bundesliga Ayın Golü (Eylül)
- Bundesliga Yılın Takımı
- VDV Bundesliga Yılın Takımı
- Gullballen
- FIFA FIFPro World11

2022

- Premier Lig Ayın Oyuncusu (Ağustos)
- PFA FAns' Ayın Oyuncusu (Ağustos, Eylül)
- IFFHS Yılın İlk 11'i

GOL KRALI

- 2018-2019 20 Yaş Altı Dünya Kupası – 9 gol
- 2020-2021 UEFA Şampiyonlar Ligi – 10 gol
- 2020-2021 UEFA Uluslar Ligi B – 6 gol

Şimdilik Kırdığı Rekorlar

- UEFA Şampiyonlar Ligi'nde 20 gol barajına, en az maçta ve en genç yaşta ulaşan oyuncu rekorunu kırarak dünya futbol tarihine ismini yazdırmıştır.

FUTBOLLA NE KADAR İLGİLİSİN?

1. Hangi takımı tutuyorsun?

galatasaray

2. Yurt dışında en başarılı bulduğun takım hangisi?

Real Madrid

3. Eğer futbolcu olsaydın hangi numaralı formayı giymek isterdin?

7

4. Hangi takımda oynamak isterdin?

Real Madrid / gs

5. En başarılı bulduğun ve hayran olduğun futbolcular kimler?

C. Ronalda Halland Keremn

6. Okulunun futbol takımında oynuyor musun?

....

7. Futbol dışında başka bir spor dalıyla ilgileniyor musun? İlgileniyorsan hangisi?

Hayır

8. Futbol senin için yalnızca hobi mi yoksa bu alanda profesyonel mi olmak istiyorsun?

Profesyonel

9. İyi bir futbolcu olduğunu düşünüyor musun?

Evet

10. Günde/haftada kaç saat antrenman yapıyorsun?

10 dk

BİLGİLERİNİ ÖLÇ

HAALAND'I NE KADAR TANIYORSUN?

1. Hangi takımdayken sahaya yedeklerden çıktığı ilk maçta hat-trick yapmıştır?

....

2. Henüz beş yaşındayken izleyenleri büyüleyen futboluyla hangi takımın altyapısına alınmıştır?

....

3. Haaland'ın kendisi gibi futbolcu olan babasının adı nedir?

....

4. Haaland'ın kendisine büyük avantaj sağlayan boyu kaçtır?

....

5. 2017 yılında Norveç'in büyük takımlarından hangisi Haaland'ı kadrosuna katmıştır?

....

6. İlk profesyonel golünü kaç yaşında atmıştır?

....

7. Haaland, yedek kulübesinden nasıl etkili olabileceğini öğrenmek için kimden, hangi tavsiyeyi almıştır?

....

8. En çok hangi ligde oynamanın hayalini kuruyordu?

....

9. 2018 yılında 20 dakikada 4 gol attığı maç hangisidir?

....

BİLGİLERİNİ ÖLÇ

10. Haaland'ın Norveç takımları dışında oynadığı ilk takım hangisidir?

....

11. Norveç'in U20 millî takımındayken tek bir maçta ülkesi adına 9 gol atıp çifte hat-trick yaptığı maçı kime karşı oynamışlardır?

....

12. A millî takım formasını giydiği ilk maç hangisidir?

....

13. 2020 Şampiyonlar Ligi'nde hangi rekoru kırmıştır?

....

14. Rekor bir transfer ücretiyle 2022 yılında hangi kulübe transfer olmuştur?

....

15. 2022 yılı itibarıyla kariyeri boyunca toplam kaç hat-trick yapmıştır?

....

Cevaplar son sayfada!

SÖZLÜK

WWK Arena: Almanya'nın Augsburg şehrinde bulunan toplam 30.660 seyirci kapasiteli FC Augsburg takımının iç saha maçlarını oynadığı stadyum.

VAR: VAR sistemi, bir futbol maçında hakem tarafından görülen veya görülmeyen pozisyonların, kamera kayıtlarıyla anlık olarak incelenmesidir. Açılımı Video Assistant Referee idir.

Ofsayt: Futbolda, top bir kalenin yönünde hareket hâlinde iken o kaleye giden takım oyuncularından birisinin, karşı takımın kalecisine, karşı takımın oyuncularından en yakın olanı ile aynı hizada ve ondan daha da yakın bulunması durumudur.

Premier Lig: İngiltere futbol lig sisteminin en üst seviyesindeki lige verilen isim. İngiltere dışında England Premier League (EPL) olarak da bilinir.

Şampiyonlar Ligi: UEFA tarafından düzenlenen ve her yıl UEFA'ya bağlı birinci liglerdeki takımların mücadele ettiği uluslararası futbol turnuvası.

Bundesliga: Almanya futbol liglerinin genel adı. Bundesliga esasen Almanya'daki tüm futbol liglerini kapsıyor olsa da yaygın olarak en üst kademe futbol ligini tanımlamak için kullanılır.

Anfield: İngiltere'nin Liverpool takımına ev sahipliği yapan futbol stadyumu, UEFA'dan 4 yıldız almış statlardan biridir. 1884'te yapılan stadyum ilk olarak Everton FC tarafından kullanılıyordu. Ancak 1892'de birtakım anlaşmazlıklardan dolayı Everton bu stadı terk etmiş ve stat boş kalmıştır. Bunun üzerine boş bir stadyumla kalakalan sahibi John Houlding de Liverpool FC'yi kurdu.

Avusturya Bundesliga: Avusturya'daki en yüksek seviye futbol ligi.

Hat-trick: Bir futbolcunun bir maçta peş peşe üç gol atmasına denir. Kelimenin anlamı etimolojik olarak Viktorya Dönemi'ne kadar uzanır ve ilk olarak o dönemdeki sihirbazların şapkalarından üç adet tavşan çıkarmasıyla bu isim ortaya çıkmıştır. 1858 yılında ilk kez H. H. Stephenson adlı bir sporcu için kullanılmıştır. Yazılı spor tarihine geçmesi 1878'i bulmuştur.

DFB-Pokal: DFB-Pokal, Almanya Futbol Federasyonu (Deutscher Fussball Bund) DFB'nin düzenlediği Alman futbolunun ulusal kupa turnuvası. Kupayı kazanan takım UEFA Avrupa Ligi'ne katılır.

Etihad Stadyumu: İngiltere'nin Manchester City takımına ev sahipliği yapan 55.097 seyirci kapasiteli stat. Stadın isim hakları Etihad Havayolları tarafından satın alınmıştır.

Community Shield: Football Association Community Shield, İngiltere'de bir önceki sezonun Premier Lig şampiyonu ile FA Cup şampiyonu arasında Wembley Stadyumu'nda her yıl oynanan maçtır. Kazanan Süper Kupa'nın sahibi olur.

Altın Ayakkabı: UEFA üyesi ülkelerin birinci seviye ulusal futbol liglerinde sezon içinde attığı golün, lige ait katsayıyla çarpılmasıyla oluşturulan puan sistemine göre en çok puan toplayan futbolculara verilen ödüldür. Ödül, krampon şeklinde bir heykeldir. En fazla kazanan isim 6 ödülle Lionel Messi, ikincisiyse 4 ödülle Cristiano Ronaldo'dur.

Pep Guardiola: Tam adı Josep Guardiola i Sala olan kısaca 'Pep' ismiyle bilinen İspanyol teknik direktör ve eski millî futbolcudur. 2016 yılından beri Manchester City'yi çalıştırmaktadır.

Cevaplar

1. Borussia Dortmund
2. Bryne FK
3. Alf-Inge (Alfie) Haaland
4. 1,95 m
5. Molde FK
6. 16
7. Molde Teknik Direktörü Ole, Haaland'a yedek kulübesinde oturukren defans oyuncularını izleyip zayıflıklarını aramasını tavsiye etmiştir.
8. Premier Lig
9. SK Brann-Molde FK
10. Red Bull Salzburg
11. Honduras U20
12. Euro 2020 Elemeleri, Norveç-Malta
13. İlk beş maçında gol atan en genç oyuncu rekoru
14. Manchester City
15. 17